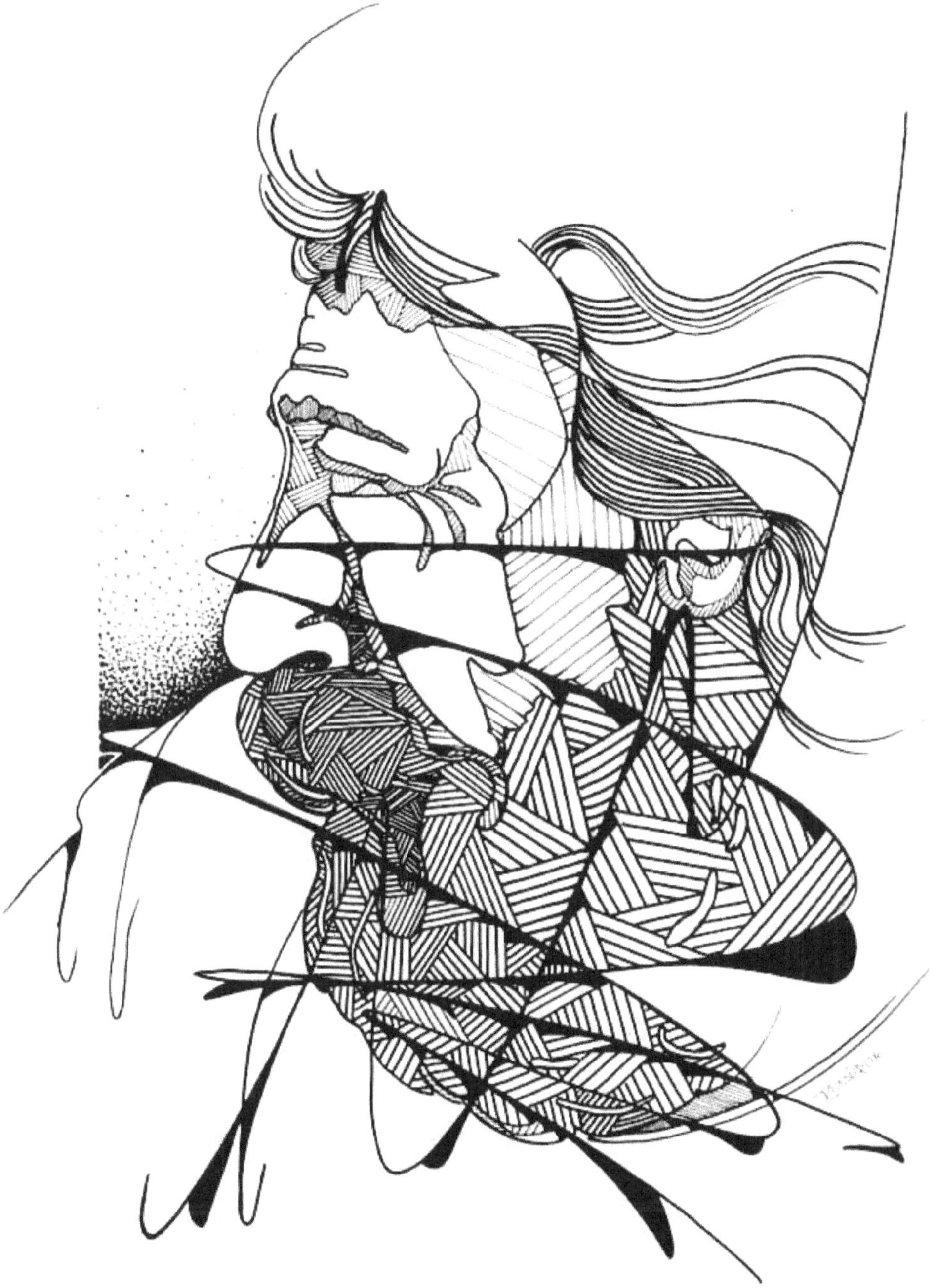

Los rostros del oficio
The Faces of the Craft

ROBERTO ROSIQUE

Español/Inglés – English/Spanish

DR

2019

Primera impresión / *First edition*: 2001

Roberto Rosique

Los rostros del oficio / *The Faces of the Craft*

Calle Tercera 1517, Primer Piso, Zona centro

Tijuana, B. C., México, cp. 22000

robertorosique@gmail.com

(664 318 92 41)

Portada: Francisco Morales. Escritor

Portadilla,: Salvador Magaña, ceramista, de Roberto Rosique

Cover 1: Francisco Morales. Writer

Cover 2: Salvador Magaña, ceramist, by Roberto Rosique

Traductor / *Traslator*: Gabriela Olivares.

Agradecimientos

Para Alfonso Lorenzana, Roberto Hinestrosa, Javier García, René Blanco Villalón, Enrique Trejo, Ramón H. Díaz y Juan Hernández, por sus valiosas fotografías, cuya calidad artística me incitó a dibujarlas y dieron a paso a este libro.

Para Antonio Heras Sánchez, por el generoso texto que introduce a la obra.

A Gabriela Olivares, quien hizo posible la traducción al idioma inglés de todo lo aquí dicho.

A Jorge Raúl López Hidalgo y a Carlos Alberto Gutiérrez Aguilar por la revisión de originales.

Acknowledgements

I would like to thank Alfonso Lorenzana, Roberto Hinestrosa, Javier Garcia, René Blanco Villalon, Enrique Trejo, Ramón Diaz and Juan Hernández, for the artistic value of their photographs; material the truly inspired me to complete each and every portrait transformed into the quintessence of this work. Also, I would like to express my gratitude to: Antonio Heras Sánchez for a very generous introduction; Gabriela Olivares who made possible the translation to English; Jorge Raul Lopez Hidalgo and Carlos Alberto Gutiérrez Aguilar, the men behind the revised version of the original text.

Presentación

El arte es lado mágico de la sociedad, en sus múltiples manifestaciones brinda una visión paralela de la historia. El arte aborda los acontecimientos cotidianos con emociones e ideologías que forman parte de las imágenes. El espíritu artístico, sensiblemente elaborado, moldea de manera esencial la identidad de una cultura específica. Esta es la contribución significativa que el artista hace, en un momento dado, a la comunidad. El creador deja atrás testimonios tangibles, que son el resultado de almas aventureras, de fenómenos estéticos, sociales y políticos que hablan por sí mismos a través de una perspectiva muy particular, que proporciona individualidad a lo largo del tiempo y el espacio.

Ideas, estilos, experiencias, innovaciones, color, ritmo, movimiento, plasticidad y literatura, son elementos que crean y recrean el arte universal, en sus dimensiones nacional y regional también. Pero, ¿quién une estos elementos? ¿Quiénes son los autores en Baja California que dan forma a la personalidad de nuestra cultura regional? ¿Quiénes son los rostros del oficio?

Rosique, artista conocida en este estado, ha asumido la tarea de construir una galería con una selección personal de artistas que buscan manifestarse desde diferentes formas de arte en Baja California: escritores, artistas visuales, dramaturgos, fotógrafos, etcétera. Rosique captura sus imágenes con su propio estilo y talento.

En un esfuerzo conjunto, la Asociación de Arte de Tijuana, AC, en la que Rosique es miembro activo, y el Instituto de Cultura de Baja California presentan el siguiente trabajo sobre el grupo de creadores que han logrado destacar y realizar importantes contribuciones a nuestra cultura a través del uso de su espíritu y creatividad.

Lic. Manuel Bejarano Giacomán
Director General del Instituto de Cultura de Baja California, México

Justificación

Los rostros del oficio

Dibujar a individuos que distribuyen su tiempo entre el oficio de la creación artística y la subsistencia, se volvió un compromiso que debía llevar a término por múltiples razones. La más importante, quizá un discreto homenaje a esa estirpe que dedica gran parte de su existir a la cultura, que a pesar de las adversidades no se extingue y, convencida, se rra permanecer para volverse indispensable. Tal vez sin que ellos se lo propongan, resultan unas de las conciencias más honestas de la sociedad.

Robarles los rasgos a una imagen fotográfica, recrearlos con líneas, subordinando los detalles al aspecto general; saturar los espacios, subyugarlos a las pretensiones para concretar montones de trazos que disciplinen el desorden; simplificar en la bidimensionalidad, estilizar los elementos para encarar una verdad objetiva, tratar de enriquecerla, son las aspiraciones iniciales. Las líneas del accidente dirigido sobre la imagen se transforman en concreciones, en estratos que rompen, algunas veces, la apariencia y ejemplifican, de esa manera, las limitaciones creativas, los falsos convencionalismos y el ridículo egoísmo de la superioridad. En contraposición, el punto utilizado se multiplica progresivamente hasta formar un amasijo oscuro que respalda la figura y hace resaltar su hegemonía, su potencial de creación y su generosidad de aportar al bien común.

La vida en cada retrato dibujado es una dinámica de rayas que se confrontan, disputándose un lugar tras la disculpa de la semejanza; no conforme, indaga y va más allá, se convierte en un reto por descubrir lo inherente, lo oculto en la psique de los personajes.

En esta fricción encarnizada entre grafito y el papel, se esbozan los pretextos y la pluma se desplaza con necedad delineando los rostros del oficio, hasta dejar un pedazo de historia plasmado en una hoja blanca

De este libro dibujado hace casi dos décadas, los nombres han permanecido, algunos ya no viven, la gran mayoría siguió creando y algunos trascendieron de manera importante las fronteras; hoy quedan solo líneas, las mismas que dieron cuenta de su entrega en aquellos tiempos sobrados de emoción y entusiasmo.

Roberto Rosique
Tijuana, B. C., México

Bordeando los rostros del oficio

Es cierto: los rostros representan imágenes de ciudades perdidas en la memoria o en la cotidianidad misma; surcos que recorren el territorio de las tardes y legan luminosidad a las geografías.

Empecinados por el diálogo constante, son susurros apenas perceptibles de los dioses que abandonan noche tras noche en hombre y mujeres sus pasiones. Y por ello los rostros son brújulas y mercurio, bordes del tiempo, reflejos, espacio.

Los retratos detienen el tiempo. Lasa horas inmortalizan las ganas de estar dentro de aquellas miradas huidizas que se extravían en la lejanía, en la idea de crear y seguir creando a marejadas, al unísono de la ilusión temprana que descubre que Jesús que inició su inmortalidad a partir del manto de María Magdalena.

El tiempo se queda para abrevar lentamente en el espacio abierto por miles de realidades que dan fe y hurgan entre historias de una cordillera destinada a contar los días del arenario. Igual pasa con los sueños de un mar que, a fuerza de ser observado, es su cuerpo un haz ascendente hacia la eternidad y con el cuerpo extendido, una laguna que deseco su amor albo, silente.

Los rostros de Roberto Rosique son variados, eternos, ungidos en su totalidad del trazo. Con la pasión en un puño que incendia rostorsmares, madrugadas de halos ocres, ámbares, terracotas; rostrosyeguas, pegasos, potros desenfrenados, bugambilias, cimarrones, ocotillos. Rasgos que empujan a descubrir las entrañas mismas de la tierra.

Rosique otorga la posibilidad de expandir aún más el lenguaje de un grupo de artistas, quienes atrapados por el obturador, confluyan en esta península. Magia, tinta, ríos plateados, rostros, amaneceres impregnados que, con la intencionalidad del pintor, transforman el arte para ir en pos de nuevos quehaceres, desentrañar los secretos íntimos de los semblantes para afianzar su dureza en la fuerza creativa y en el ser humano. Trazos a imagen y semejanza de aquel semidiós que nos legó el fuego, la palabra, la magia y la imaginería.

Aunque parece que desde hace siglos habita este lindero Norte, no hace mucho que este artista llego de una ciudad donde la ceiba y la frondosidad le quitan el sueño a cualquiera.

Ya en estas ciudades perdidas entre la bienaventuranza migrante, el sedimento californio, alegorías caniculares de la región y en medio de sueños y esperanzas, Roberto Rosique documenta la historia de sus semejantes, rostros, y espíritus: vertebras fronterizas.

Amantes del mismo autor: arte enraizados en gestos,, guiños, risas, temple con cualidades para hablar, escribir, bailar, contemplar, pintar, ejecutar, actuar y trasgredir los momentos perdidos. Oficios que Rosique amasa para mantener su tiempo y espacio.

Bien vale la pena encontrar, en este piélago de rostros, a los hombres que olvidamos por mirar su obra. "El tiempo pasa y no te puedo olvidar"…, se escucha por ahí, mientras la mente emprende un recorrido por estas galerías que Roberto escogió, lenguaje infinito que transforma a otro y viceversa.

En el rostro de los hombres está el futuro de las ciudades; en los retratos su historia. Pasemos a repasar la historia y a hojear el futuro.

Que sea, pues…

Antonio Heras Sánchez
(Escritor, periodista)

Presentation

The art, magical side of society, in its many manifestations gives a parallel vision of history. Art embroiders everyday occurrences with emotions and ideologies that form part of the imagery. The artistic spirit, sensibly crafted, molds in an essential way the identity of a specific culture. This is the significant contribution that the artist makes, in any given moment, to the community. The creator leaves behind tangible testimonies, which are the result of the adventurous souls, of aesthetic, social and political phenomenon that speak for themselves through a very particular perspective, which provides individuality throughout time and space.

Ideas, styles, experiences, innovations, color, rhythm, movement, plasticity, and literature... elements that both create and recreate universal art, in its national and regional dimensions also. But, who bonds these elements? Who are the authors in Baja California that shape the personality of our regional culture? Who are the faces of the craft?

Rosique, well-known artist in this state, has taken upon the task of constructing a gallery with a personal selection of artists who pursue different art forms in Baja California: writers, visual artists, playwrights, photographers, etceteras. Rosique captures their images with his own style and talent.

In a joint effort, The Tijuana Art Association, A.C., in which Rosique is an active member, and Instituto de Cultura de Baja California present the following work about the group of creators who have managed to stand out and make important contributions to our culture through the use of their spirit and creativity.

Lic. Manuel Bejarano Giacomán
General Director of the Instituto de Cultura de Baja California.

To draw the faces of those individuals who have chosen to dedicate their lives to the arts and fight, as best they can, for survival in this complex universe, has become an ideal which I had to pursue because of many reasons. The most important one must have been the possibility of establishing a sort of testimony; a discreet tribute to that unusual lineage ready to dedicate most of their lives to an ongoing cultural revolution, knowing the will undertake a great deal of obstacles, and still continue up to a point where art becomes the essence, a crucial path to their existence. Probably they have never thought of themselves in this way but, through their own language, they many hold the voice of a pie of a true and loud social conscience.

To take away the details of a photograph and recreate them with lines drawn into multiple expressions that only protect the general aspects.

To fill up the space, make it respond to a particular aspiration in order to give birth to forms that explain all the confusion.

To simplify the dualistic nature of every dimension conceived, capture the elements with the hope of discovering the truth; to try to enrich the truth that is the main objective.

The accidental lines that flow through the image are transformed into a well-defined concept that tends to break the superficial appearance of the individual being portrayed, along with his or hers creative limitations, false conventionalism and egotistic superiority.

On the other hand, the origin of the form used to accomplish the unmask in, multiplies progressively until it makes way to a dark mass that sustains the figure and accentuates its power, its true potential and its generosity, demonstrated with the act of creating a gift for everyone to enjoy.

Life inside every portrait captured by an evolving best web which every line confronts, pushed by the urge has to establish its own territory, loose its sense of resemblance, underline the need to rebel, to search for new the clues, cross al boundaries, and view the soul as a great task that must be completed in order to discover what apparently is not there, but hidden in the mind of every character.

Because of this confrontation between the ink and an empty page you can find the reasons that make the pen slide with tenacity, giving way to the faces coexist as a part of a rich history which now lies on the surface of a piece of paper.

Of this book drawn almost two decades ago, the names have remained, some no longer live, the vast majority continued to create and some transcended borders significantly; today there are only the same lines that gave an account of their delivery in those times of emotion and surrender.

Roberto Rosique

Drawing the Nature of a Craft

It is true, the faces represent images of cities lost inside the memory of our daily routine; furrows that flow through the land of majestic sunsets and brighten geographies. Obsessed with a constant dialogue, whispers slightly pranced by the gods leave every night the passions that hide in every man's soul. That is why these faces are like a compass that carefully guides us along the boundaries of time and space.

Portraits withhold time. The hours immortalize the desire to exist inside those evasive eyes that seem to perish in the distance, well within the notion of create, with a forceful wave.

As the illusion grows, I discover that Jesus has become immortal through the cloth given to him by a repentant Magdalene.

Times flows slowly through an open space, enriched with diverse realities that unveil the faith needed to search for personal histories, written along a mountain range destined to count the days it will take to reach the desert.

The same thing happens when we dream an ocean that, if observed closely, becomes a part of eternity and, at the same time, a part of it looses itself, poured into a lagoon affected by the drought of a silent love.

The faces that Roberto Rosique discovers are diverse, endless, brought together by the honesty of its form. With the passion held in his hand the fires explodes along every gesture, draws tinted with the pleasures of ocher, amber, terra-cotta; mares-faces, Pegasus, wild stallions; bougainvillea, fugitive herds, rich foliage. Expressions that help us discover the roots that hide in the heart of this land.

Rosique offers the possibility of expanding furthermore the language enhanced by a group of artists who, trapped by physical boundaries, coexist in this arid peninsula. Magic luscious inks, silvery rivers, portraits and deep sunrises become art through the author's intentions, helped by the through of assuming new challenges that will expose the most intimate secrets beyond the facial expressions, in order to accentuate the creative force that thrives inside the human spirit. Lines drawn under the image of that semi-god, who gave us the gifts of fire and language, image and imagery,

Even though it may seem that this northern boundary has been here for many centuries, it has not been very long since this artist arrived at a city were silk-cotton trees and the exuberant vegetation in general, are capable of awakening the soul.

Throughout these cities, lost between the hopes of those who have migrated, the well-established Californians, passionate metaphors of the region, dreams and hopes, Roberto Rosique explores the history behind the people, their expressions, their spirit; continuously facing vertebras.

Lovers of a same source, art that grows through gestures, laughter; temperament enriched with the qualities of speech, literature, dance, contemplation, painting, action, and the audacity to go beyond lost moments: tasks that Rosique handles in order to maintain his time and space.

The search to find, in this abundance of faces, the ones we have forgotten because of an overwhelming artistic revolution, is truly worthwhile. The phrase "Time flies and I can't forget..." lingers somewhere; simultaneously the mind makes a journey around these galleries chosen by Rosique. An infinite language capable is transforming another and vice versa.

In the expressions of the ones portrayed here lies the future of these cities; inside the portraits, their histories live. Let's, then, review our own history and maybe, this way, takes a peek at a not so distant future.

Antonio Heras Sánchez
(Writter and Jounalist)

LOS ROSTROS DEL OFICIO
THE FACES OF THE CRAFT

Francisco Morales
(Escritor-Writer)
Cananea, Sonora, México, 1940

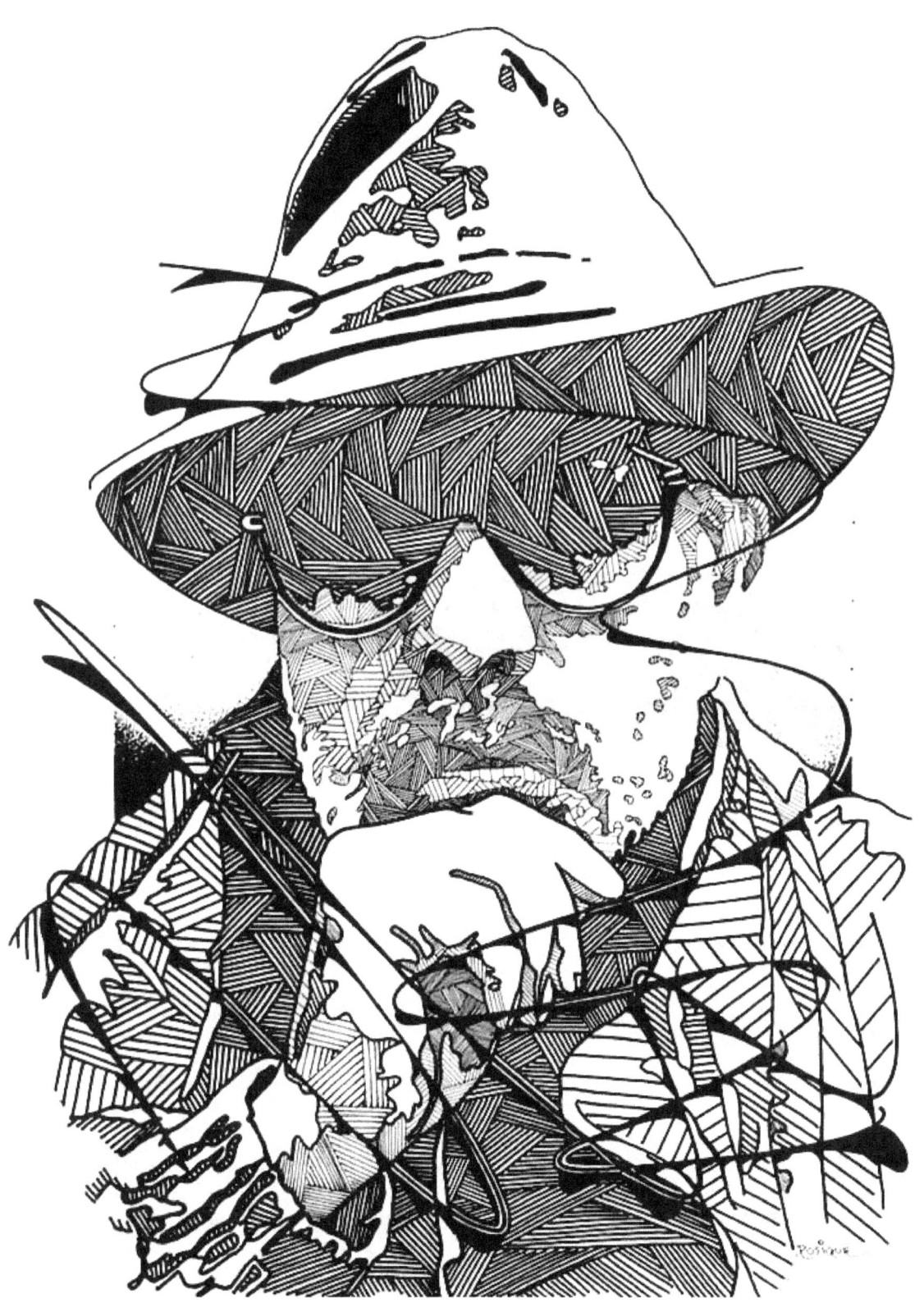

Rosina Conde
(Escritora-*Writer*)
Mexicali, B.C, México, 1954.

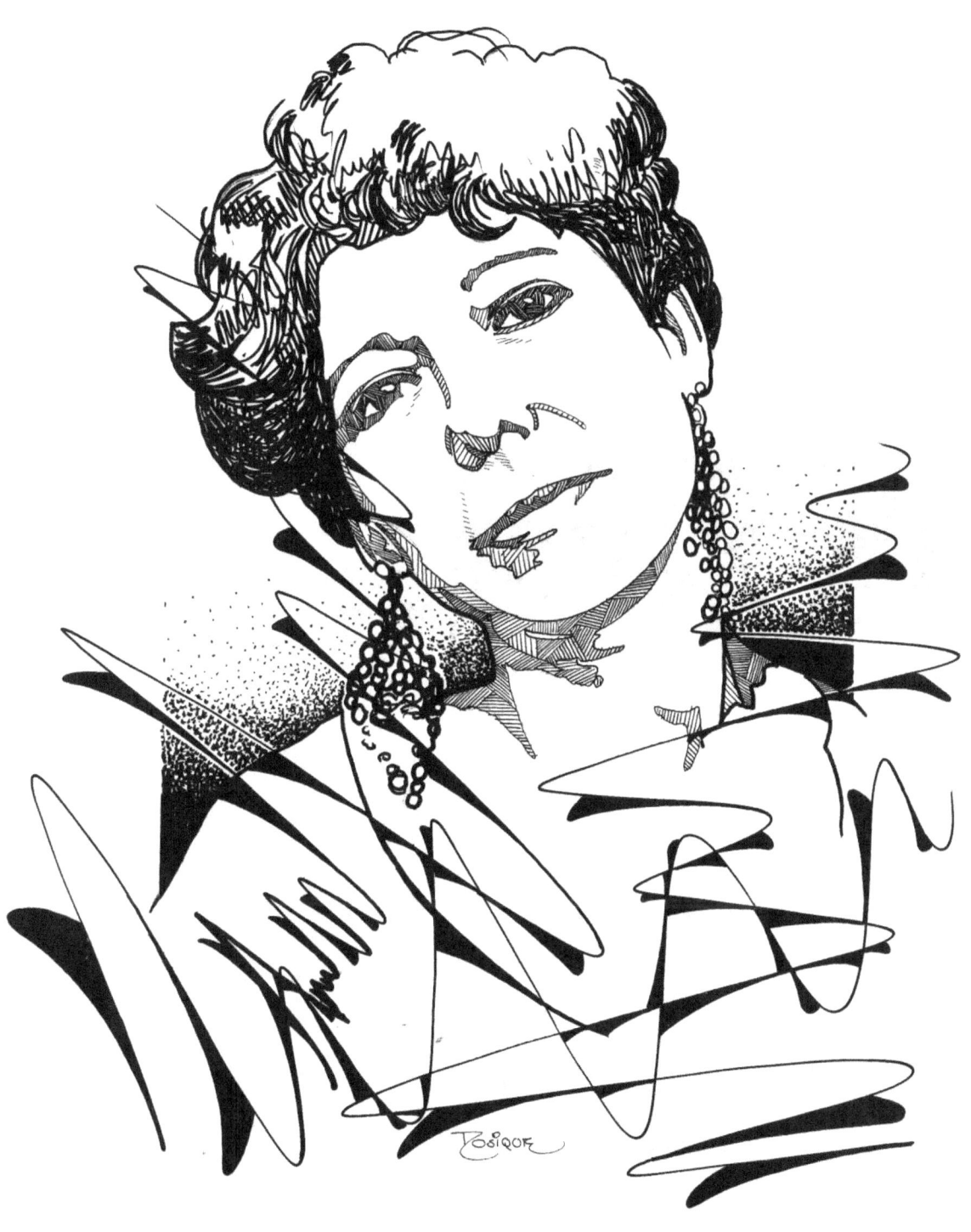

Álvaro Blancarte
(Pintor-*Painter*)
Culiacán, Sinaloa, México, 1934

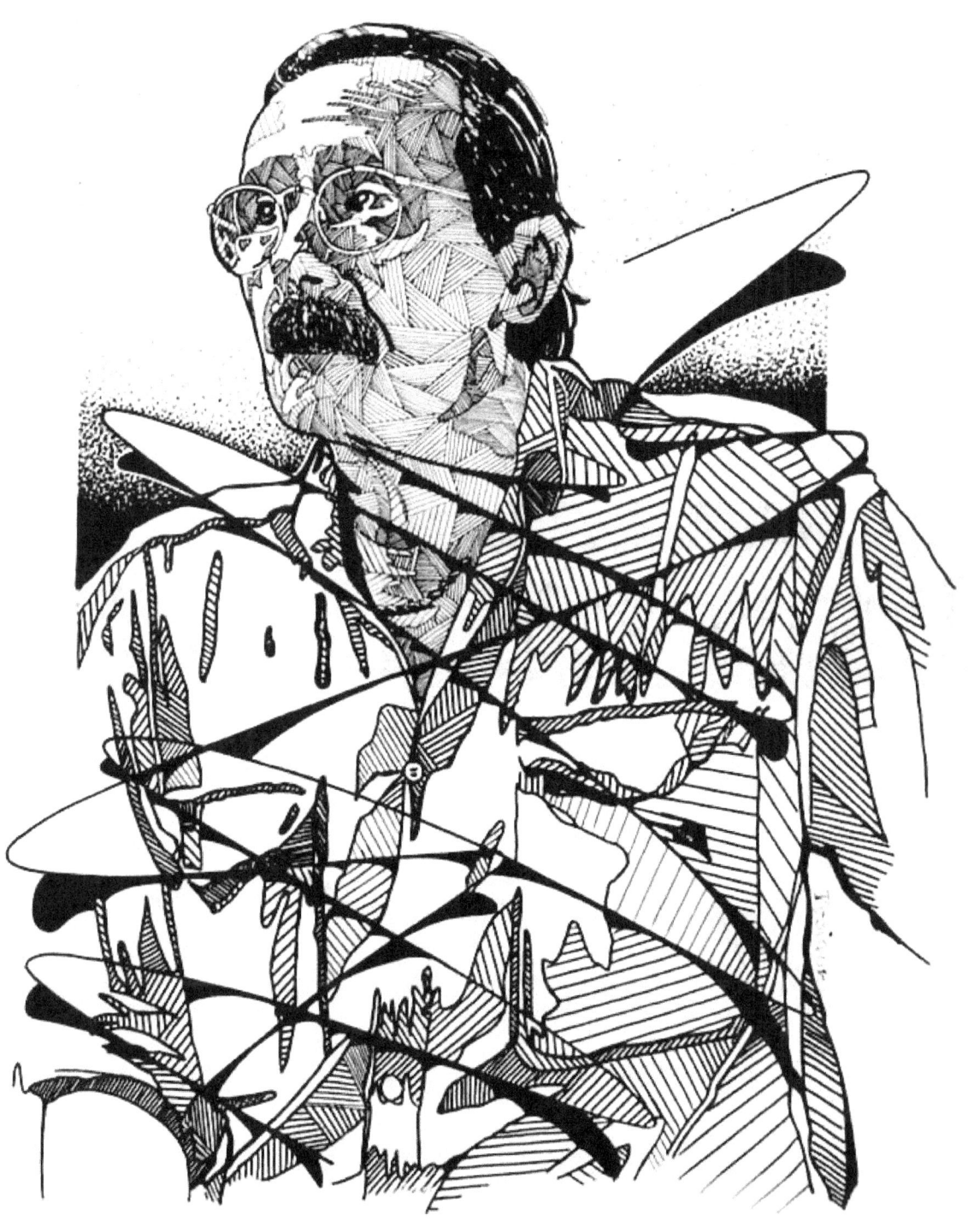

Eduardo García Barrios
(Músico - *Musician*)
México, D.F, 1960

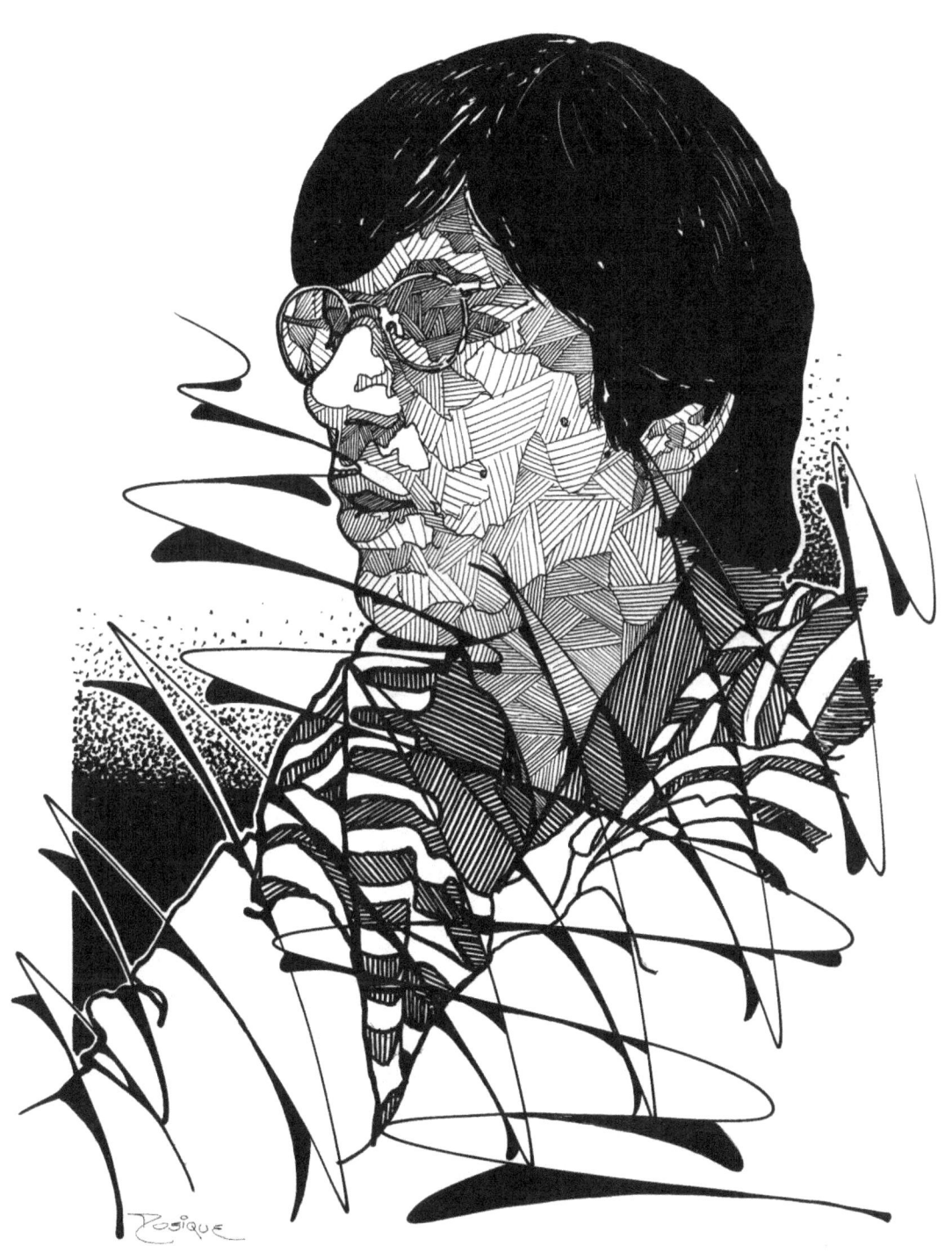

Rubén García Benavides
Pintor-*Painter*)
La Hacienda El Vallado, Cuquío, Jalisco México,
1937.

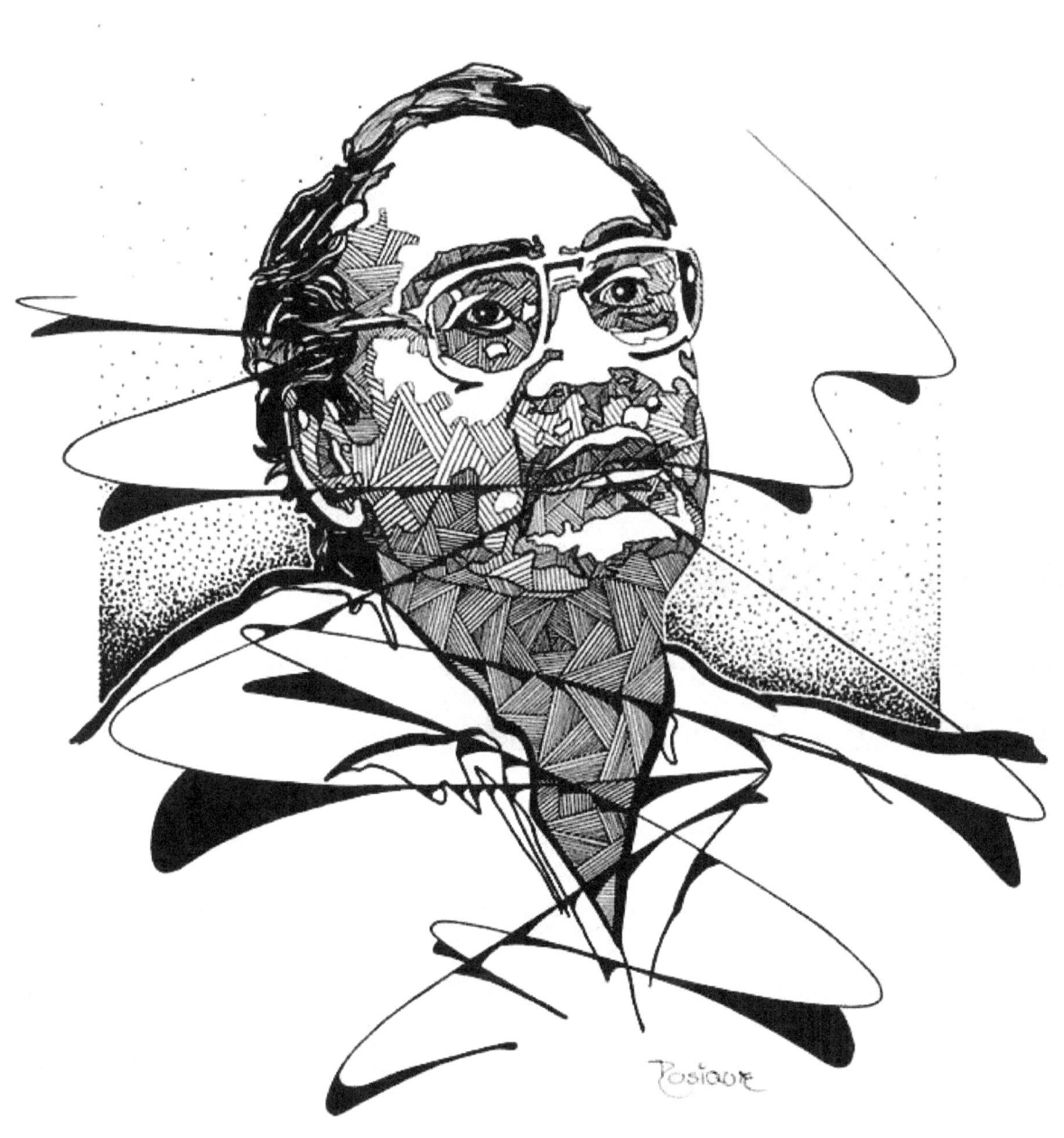

Antonio Heras Sánchez
(Escritor-*Writer*)

México, D.F, 1953

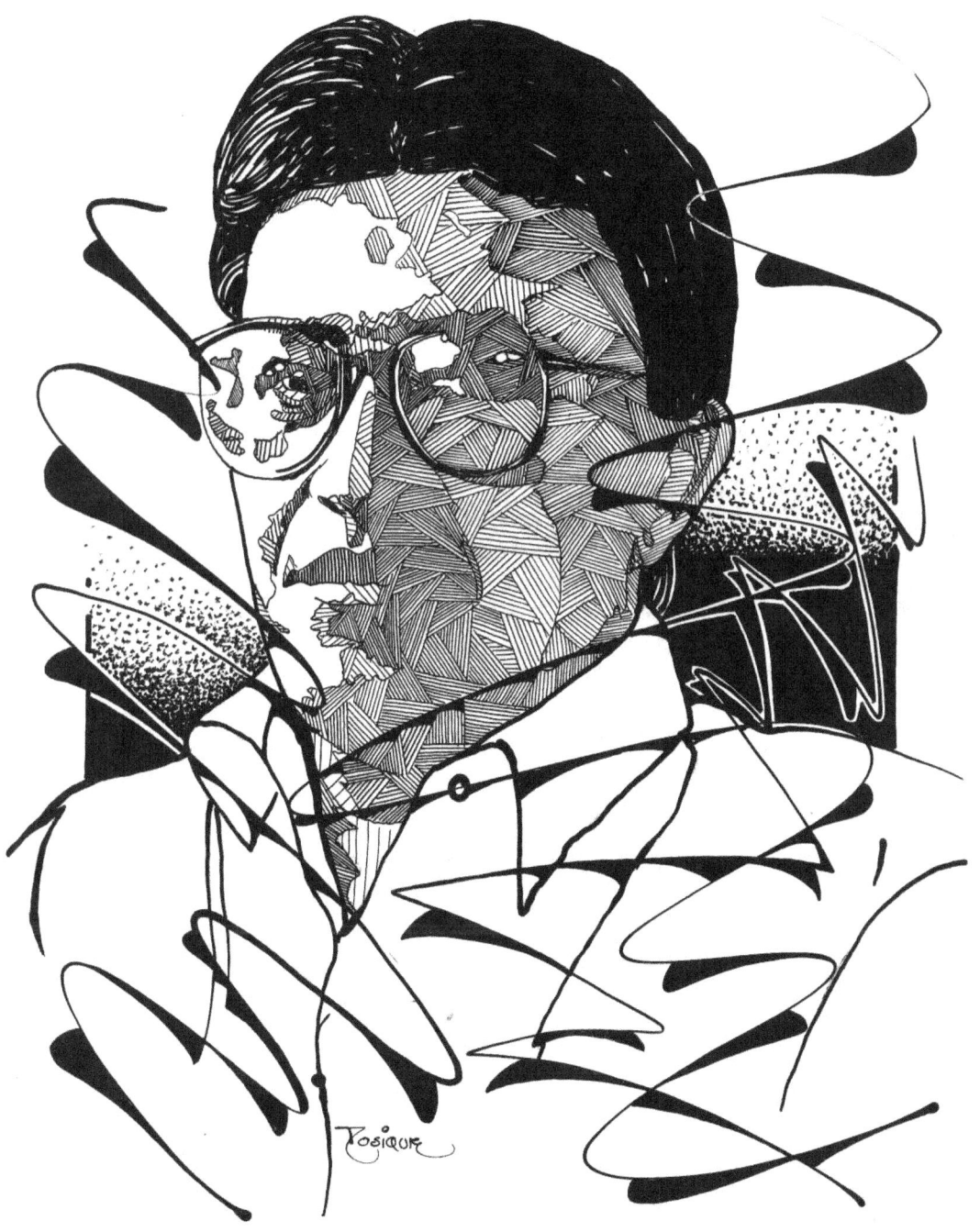

Carlos Coronado Ortega
(Pintor-*Painter*)

México, D.F, 1945

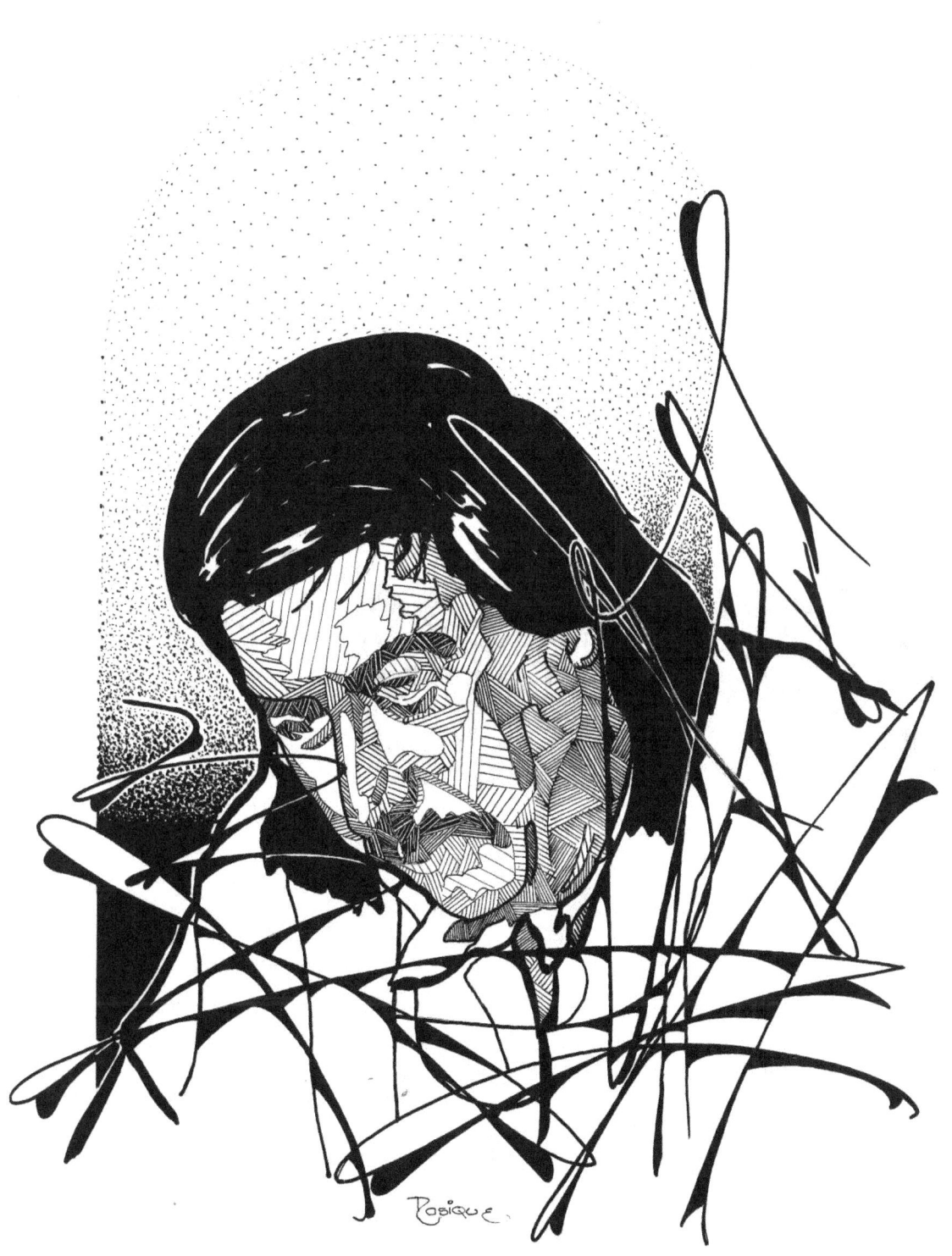

Gabriel Trujillo Muñoz
(Escritor-*Writer*)
Mexicali, B.C, México, 1958

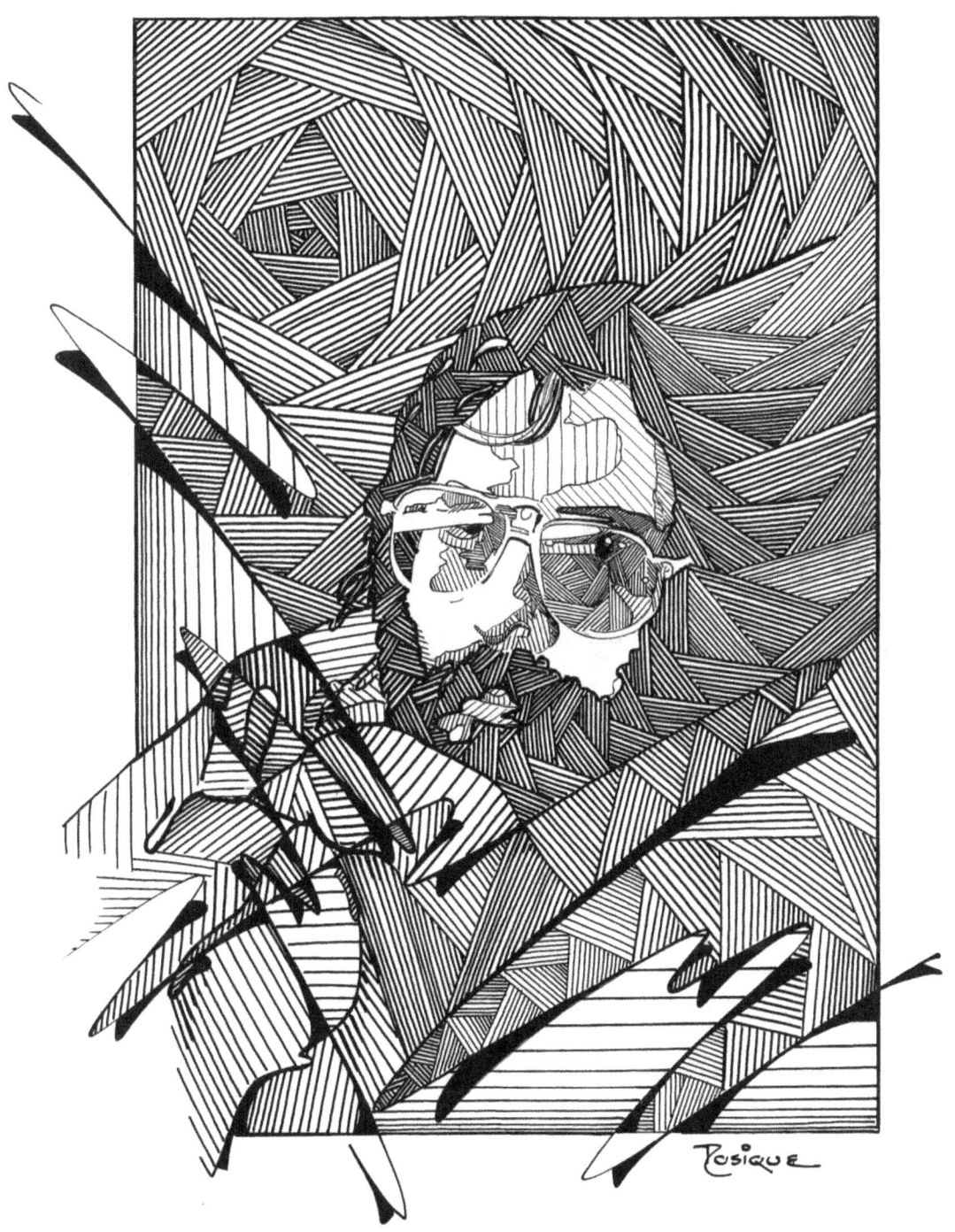

Franco Eduardo Méndez Calvillo
(Pintor-*Painter*)
San Luis Potosí, S.L.P, México, 1948

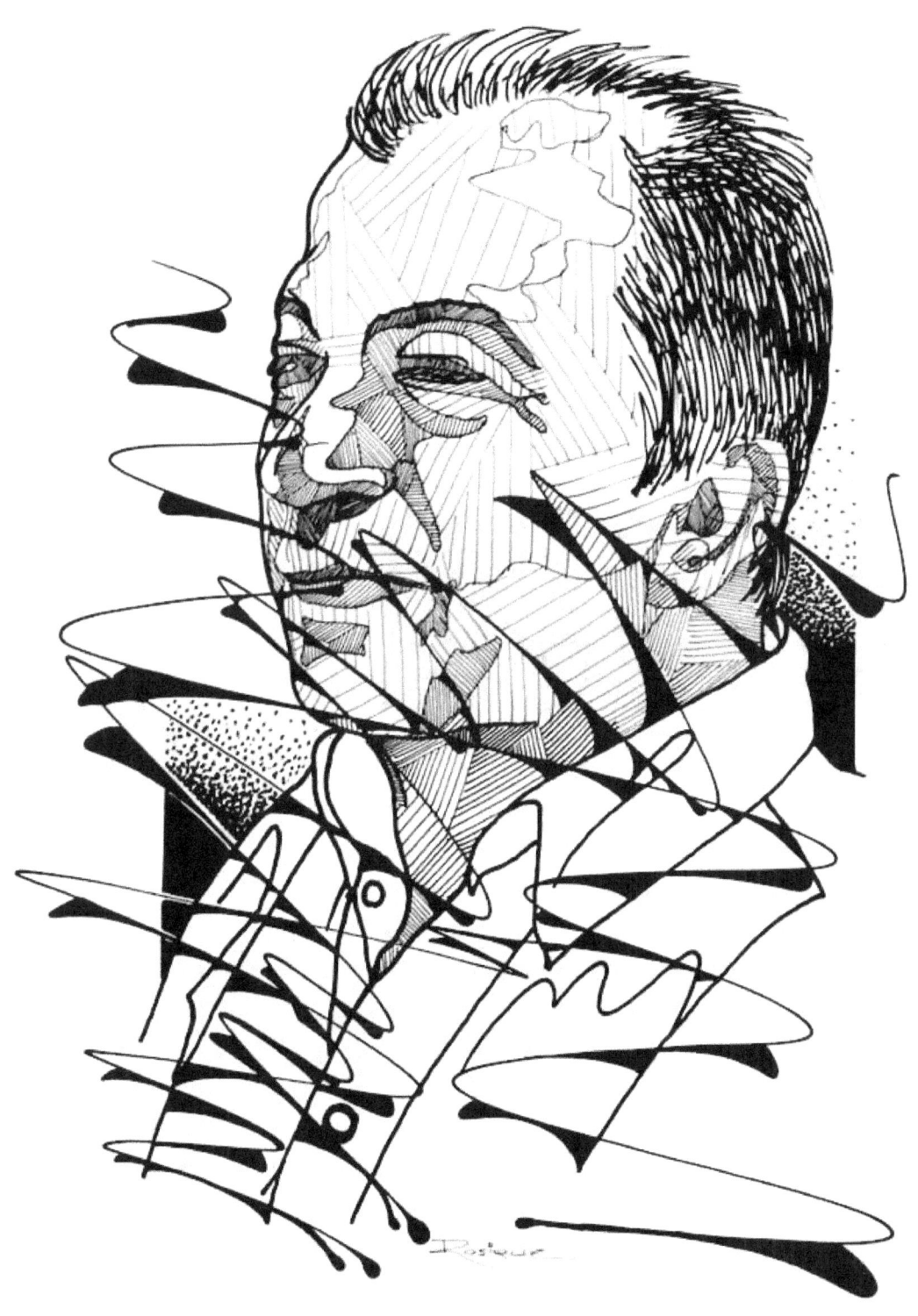

Antonio Mejía de la Garza
Escritor-*Writer*)
Monterrey, N.L., en 1942 - Ensenada, B.C, 1993

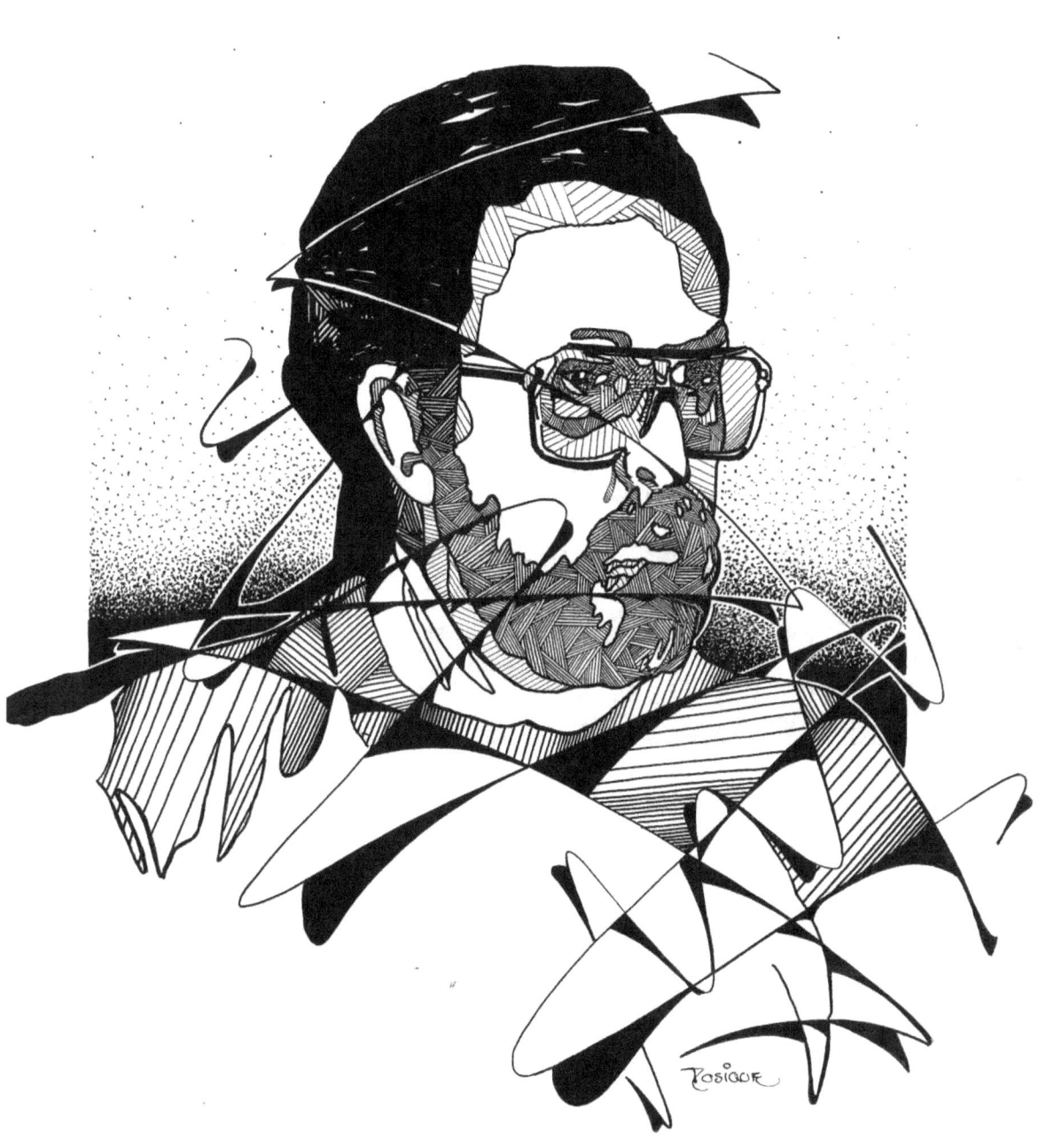

Marcos Ramírez "Erre"
(Artista visual – *Visual Artist*)
Tijuana, B.C, México, 1961.

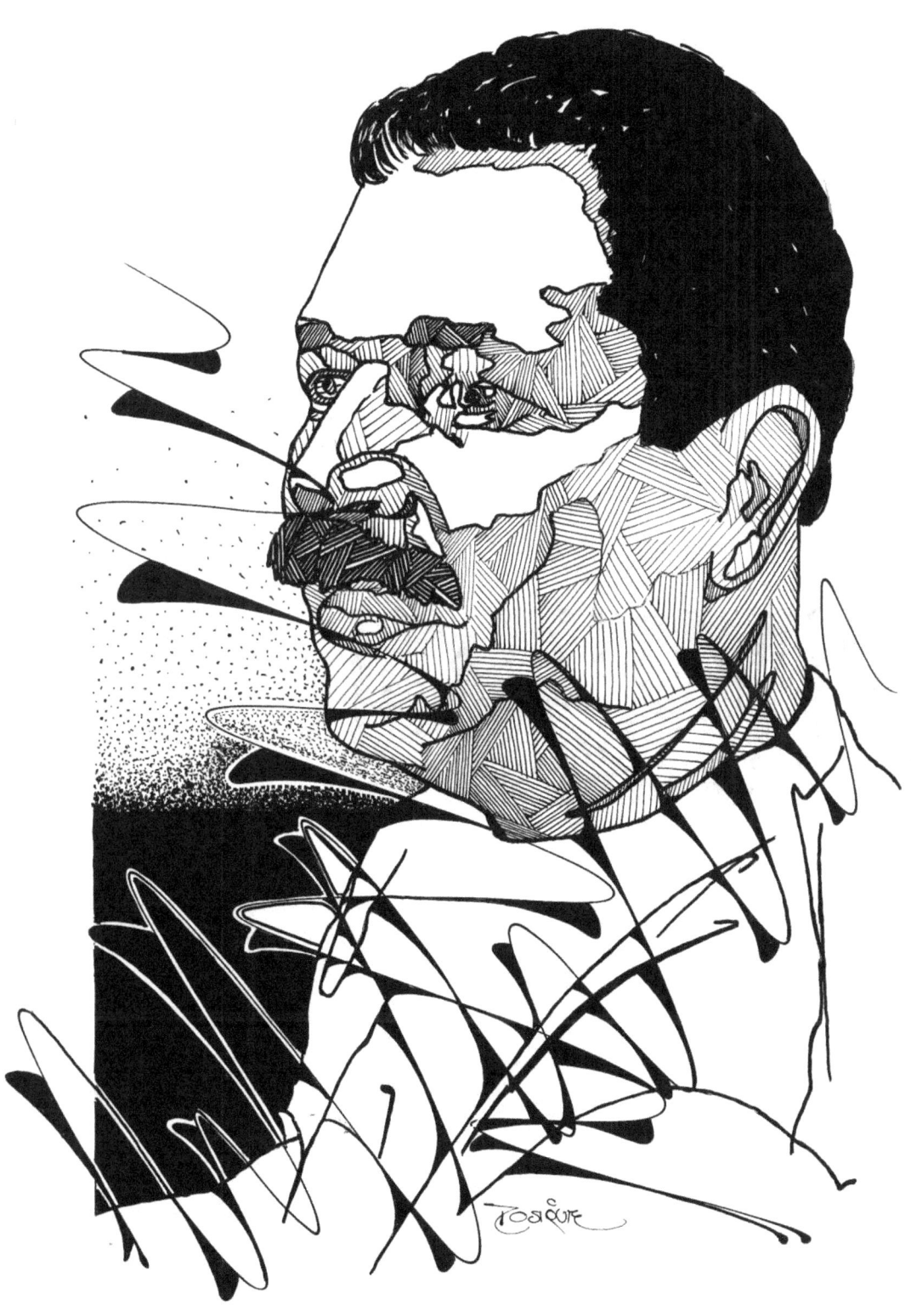

Juan Carlos Ramírez
(Escritor-*Writer*)
Tijuana, B.C, México, 1964

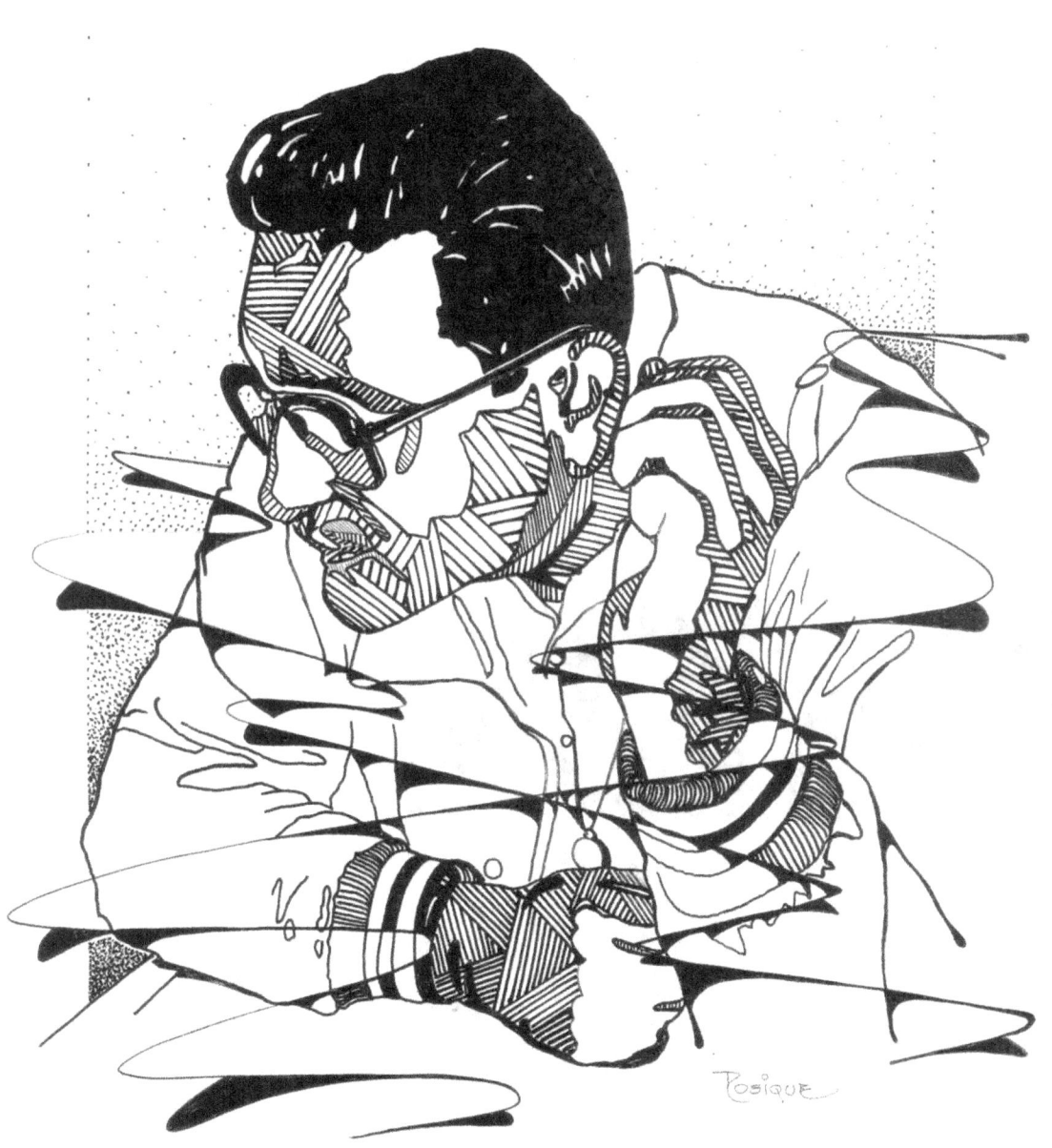

Flora Calderón Ruiz
(Escritora-*Writer*)
México, D.F, 1963

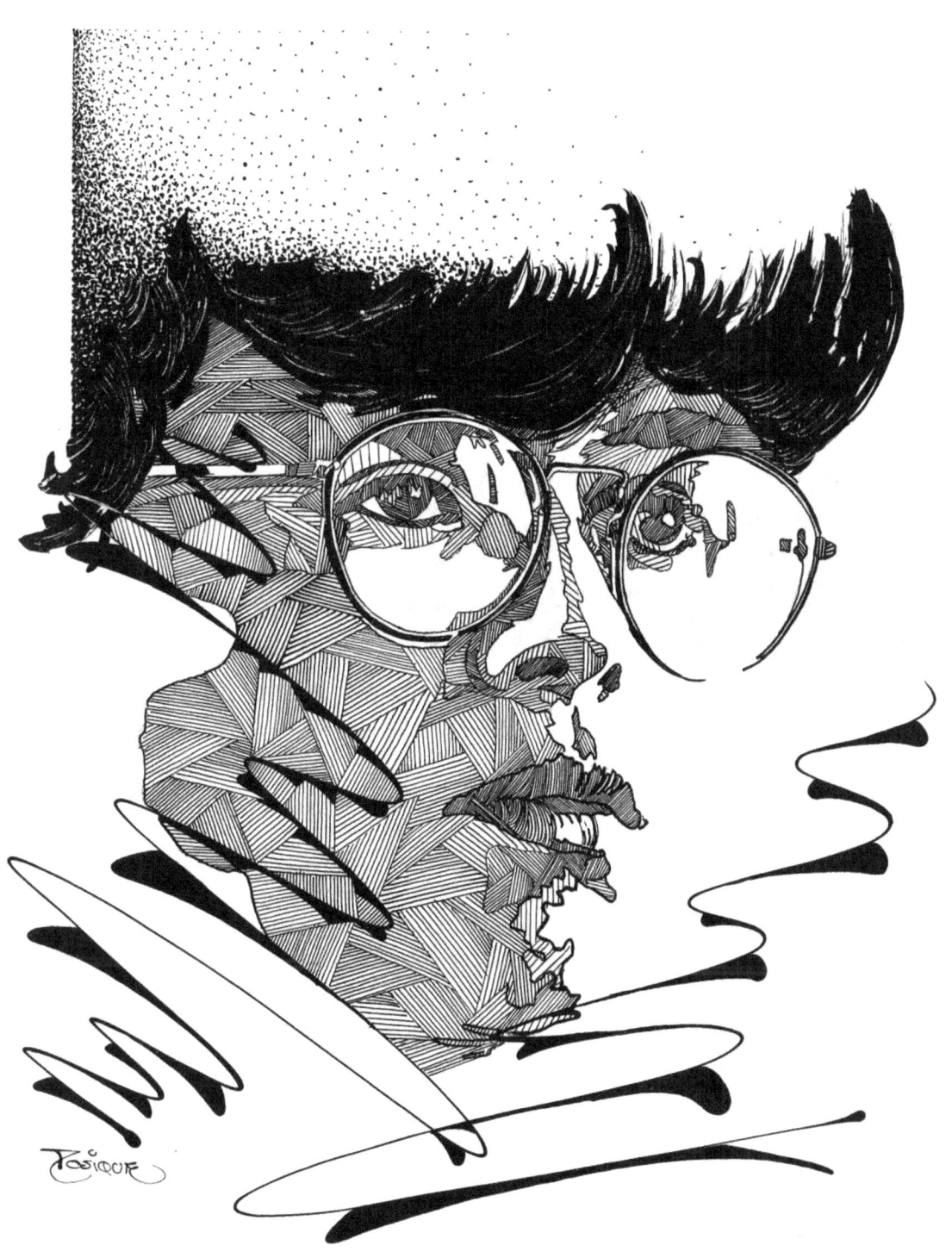

Salvador Magaña
(Ceramista - *Ceramist*)
Tamazula1, Jalisco, 1931 - Tijuana B. C., 2016

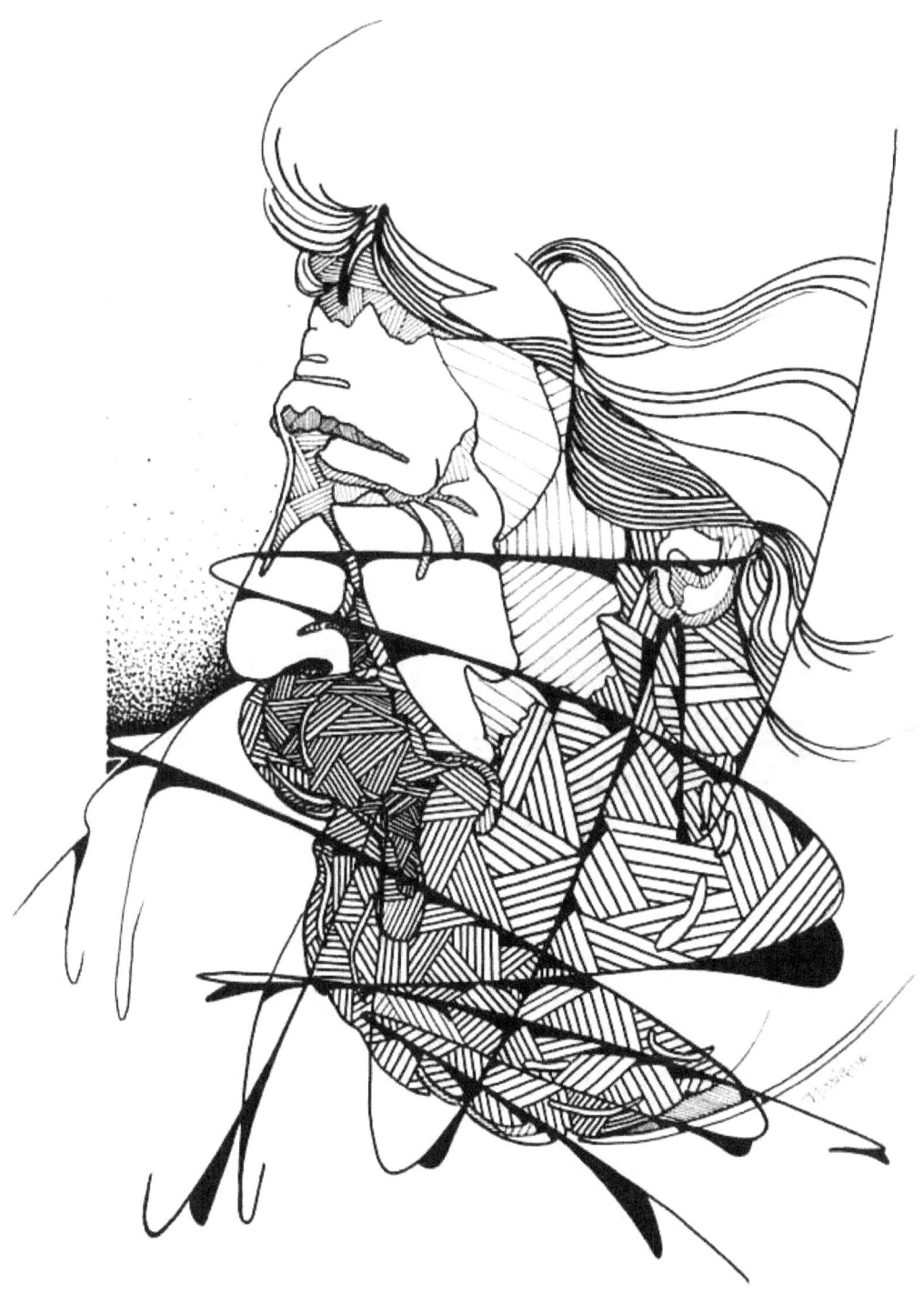

Guillermo Castaño
(Escultor-*Sculptor*)
México, D.F, 1938 – Tijuana, B. C., 2006

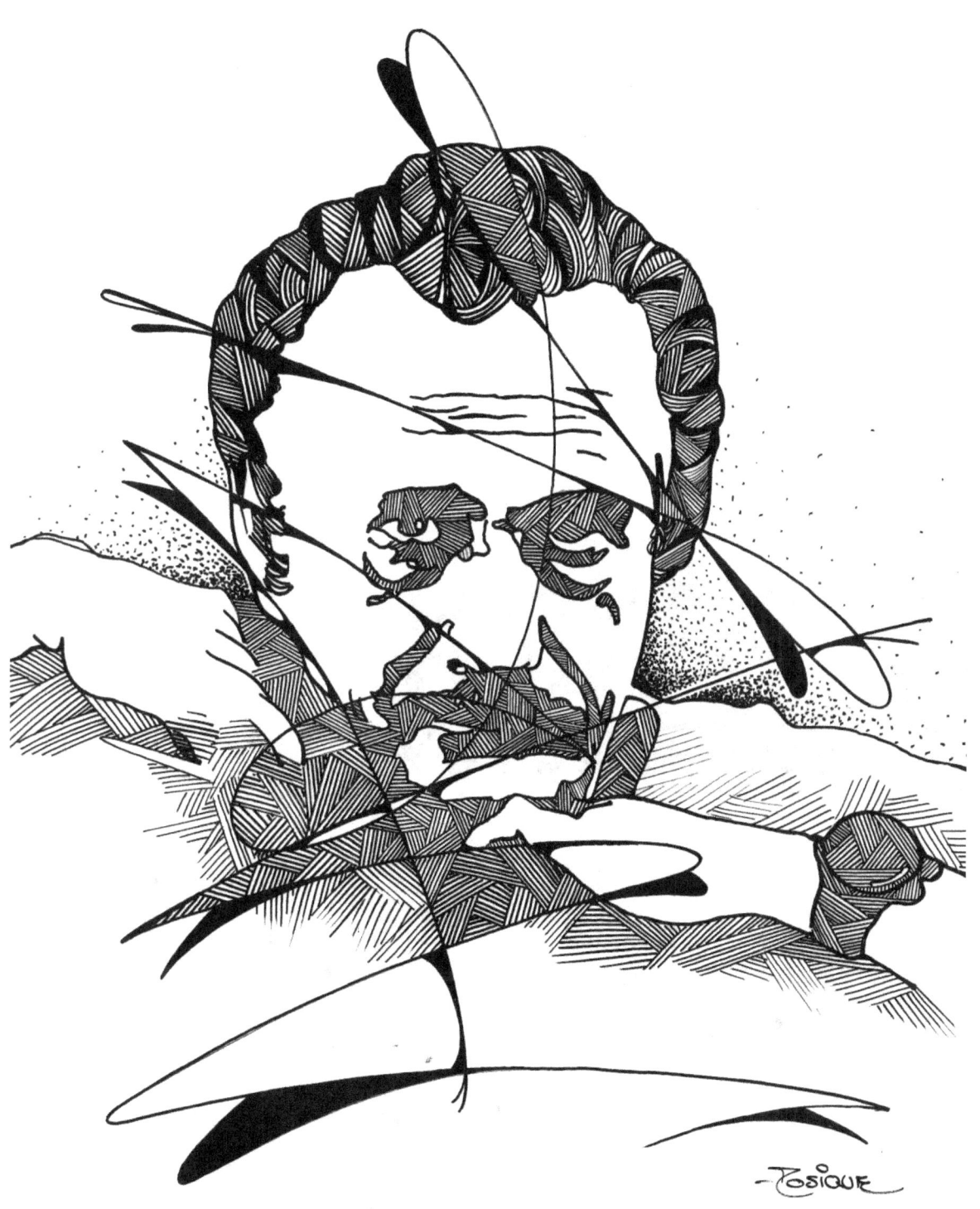

Luis Humberto Crosthwaite
(Escritor-*Writer*)
Tijuana, BC., México, 1962

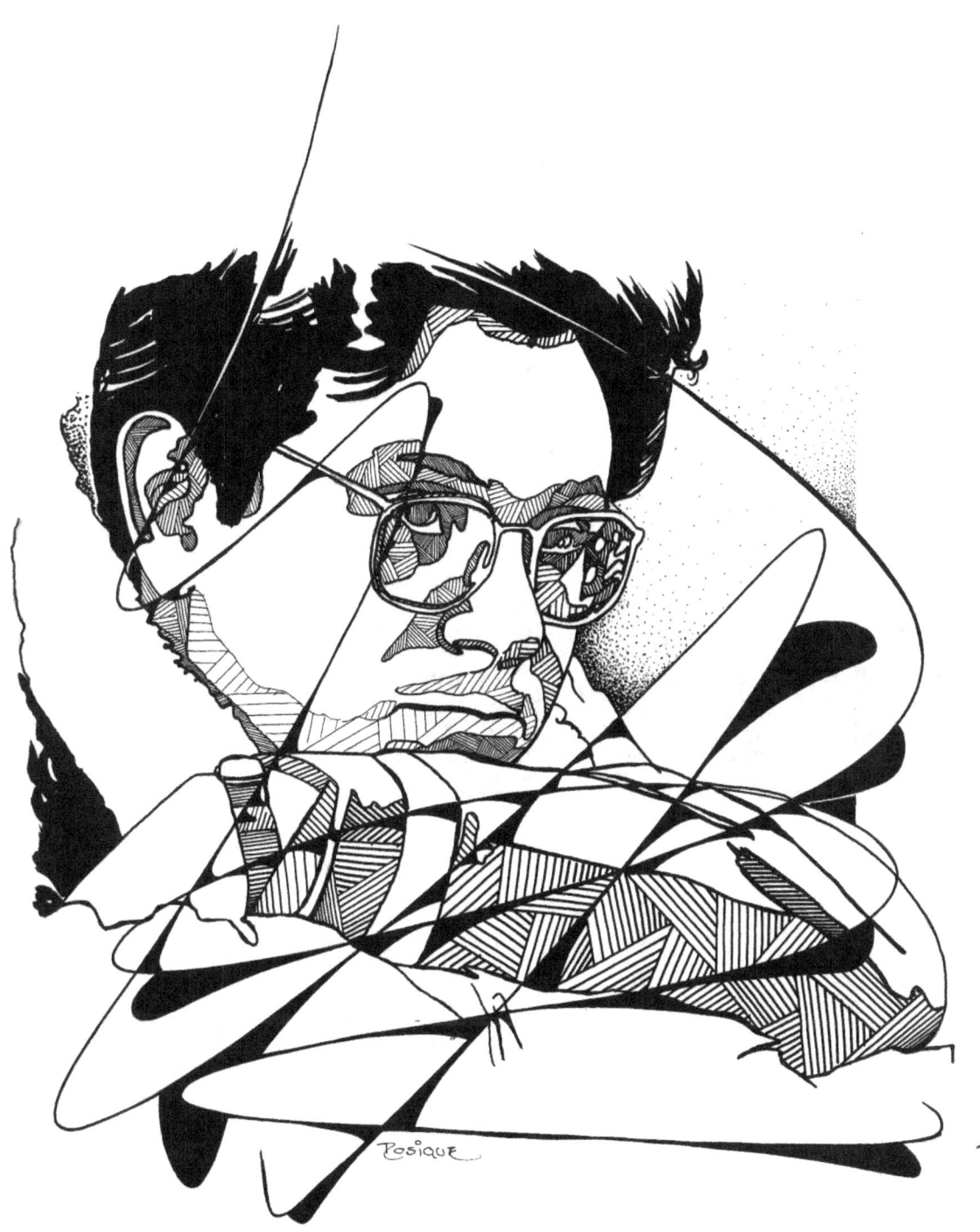

José Julé
(Pintor-*Painter*)
El Salvador, San Salvador, C.A, 1950.

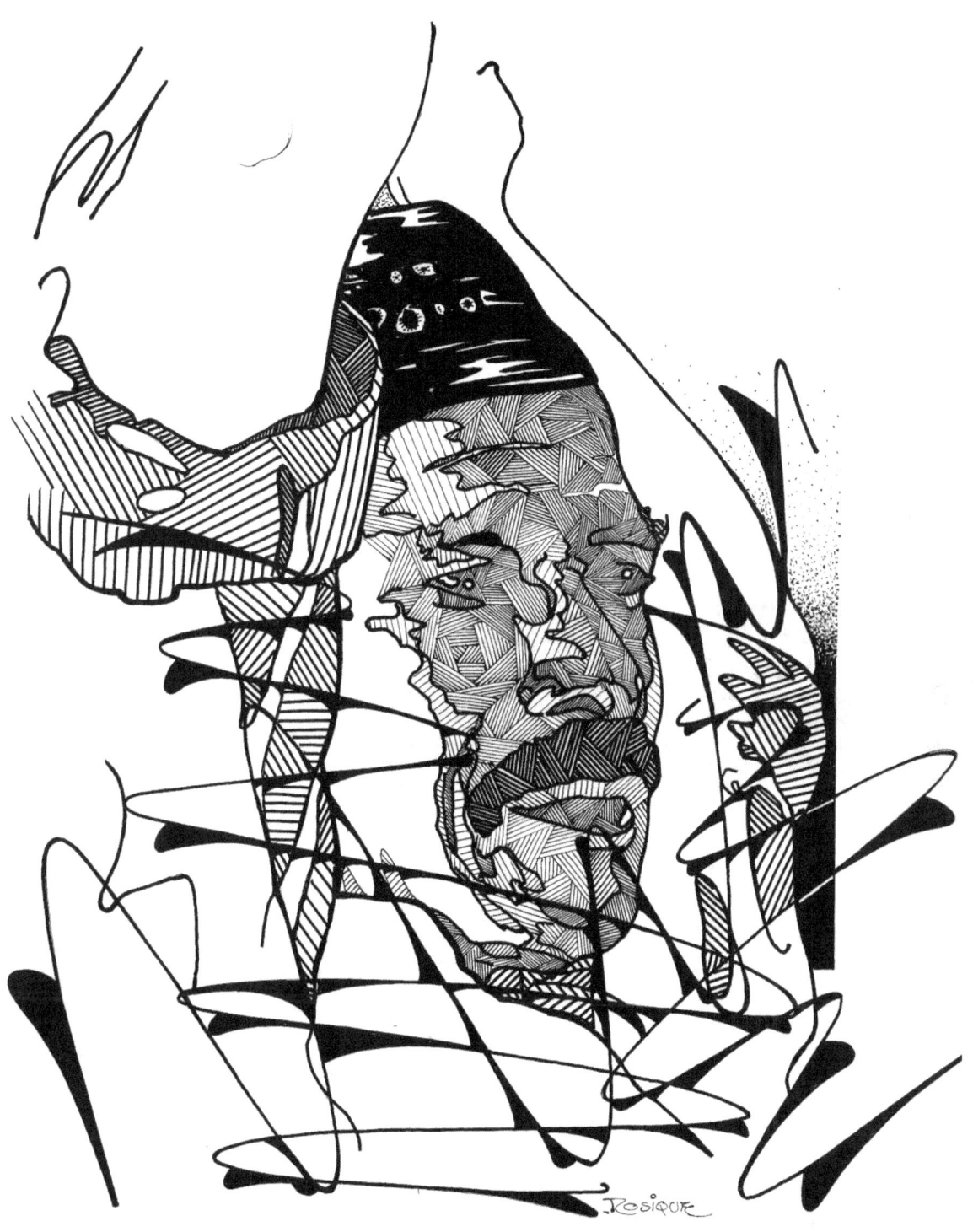

Gabriela Olivares Torres
(Periodista cultural- *Cultural Journalist*)
Tijuana, B.C., México, 1968

Patricia Aguilar Serrano
(Coreógrafa - *Choreographer*)
México D.F., 1964.

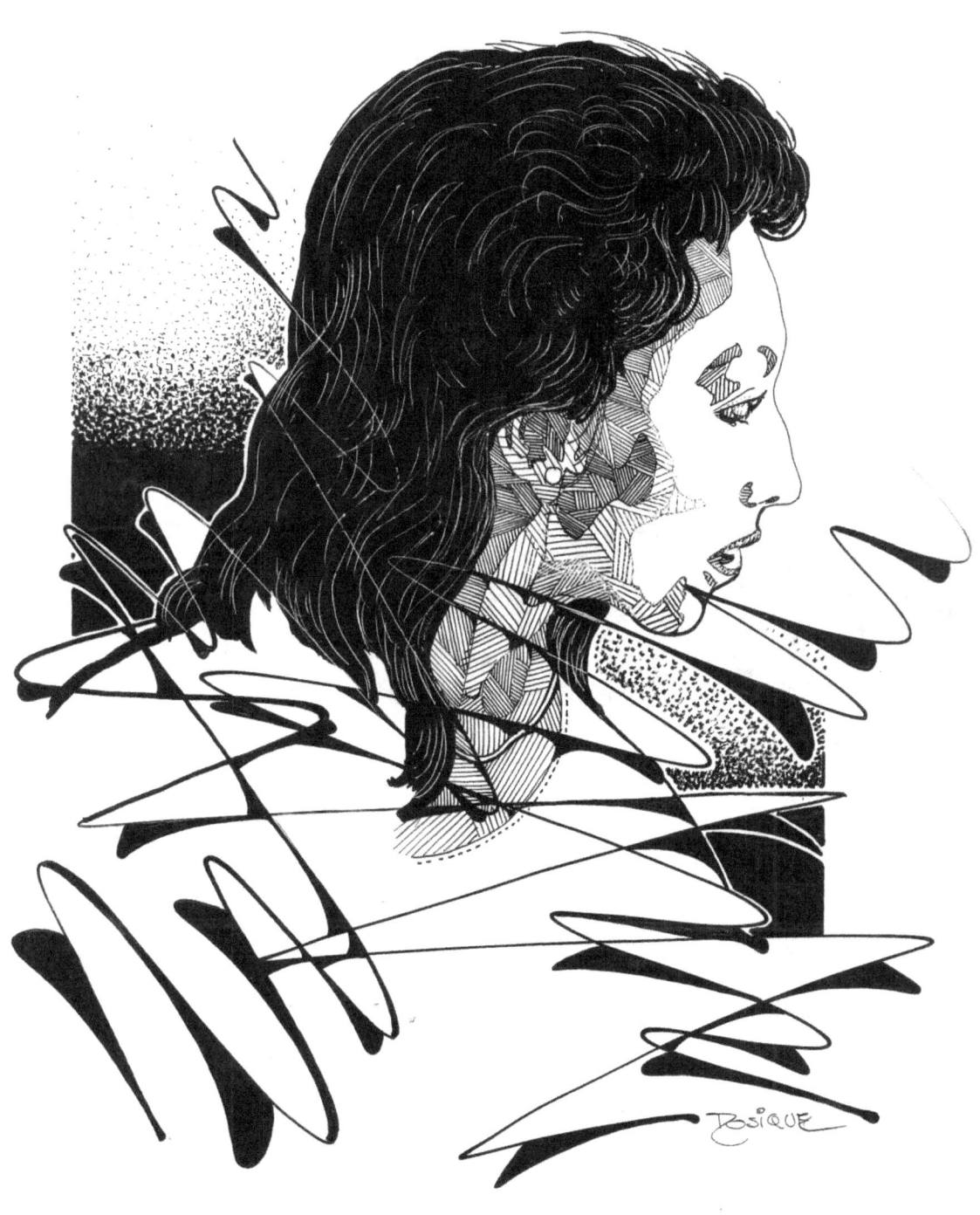

Arturo Valencia
(Escritor-Writer)
Hermosillo, Sonora, México, 1956.

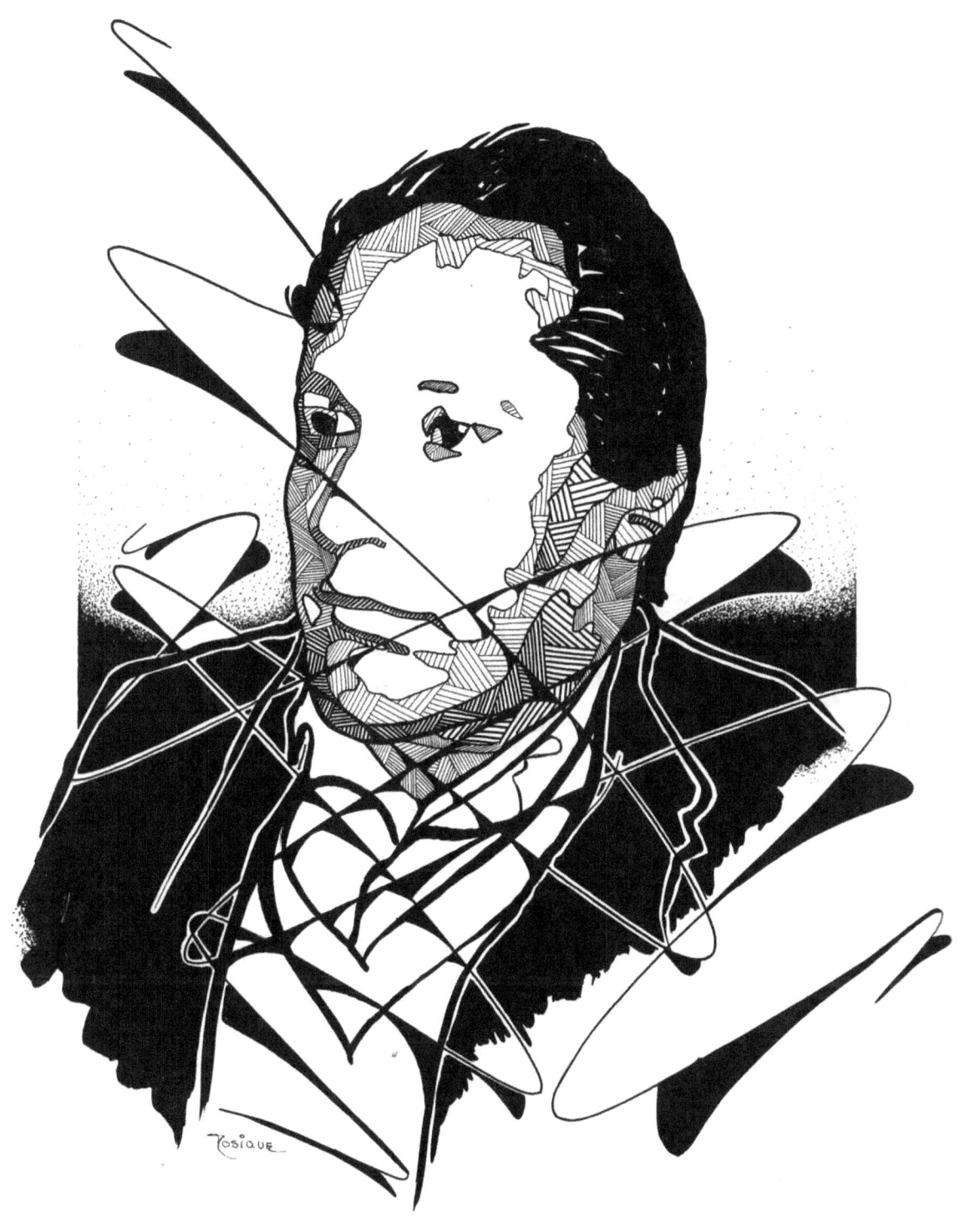

Teresa Palau
(Escritora-*Writer*)
Albesa, Cataluña, España, 1933

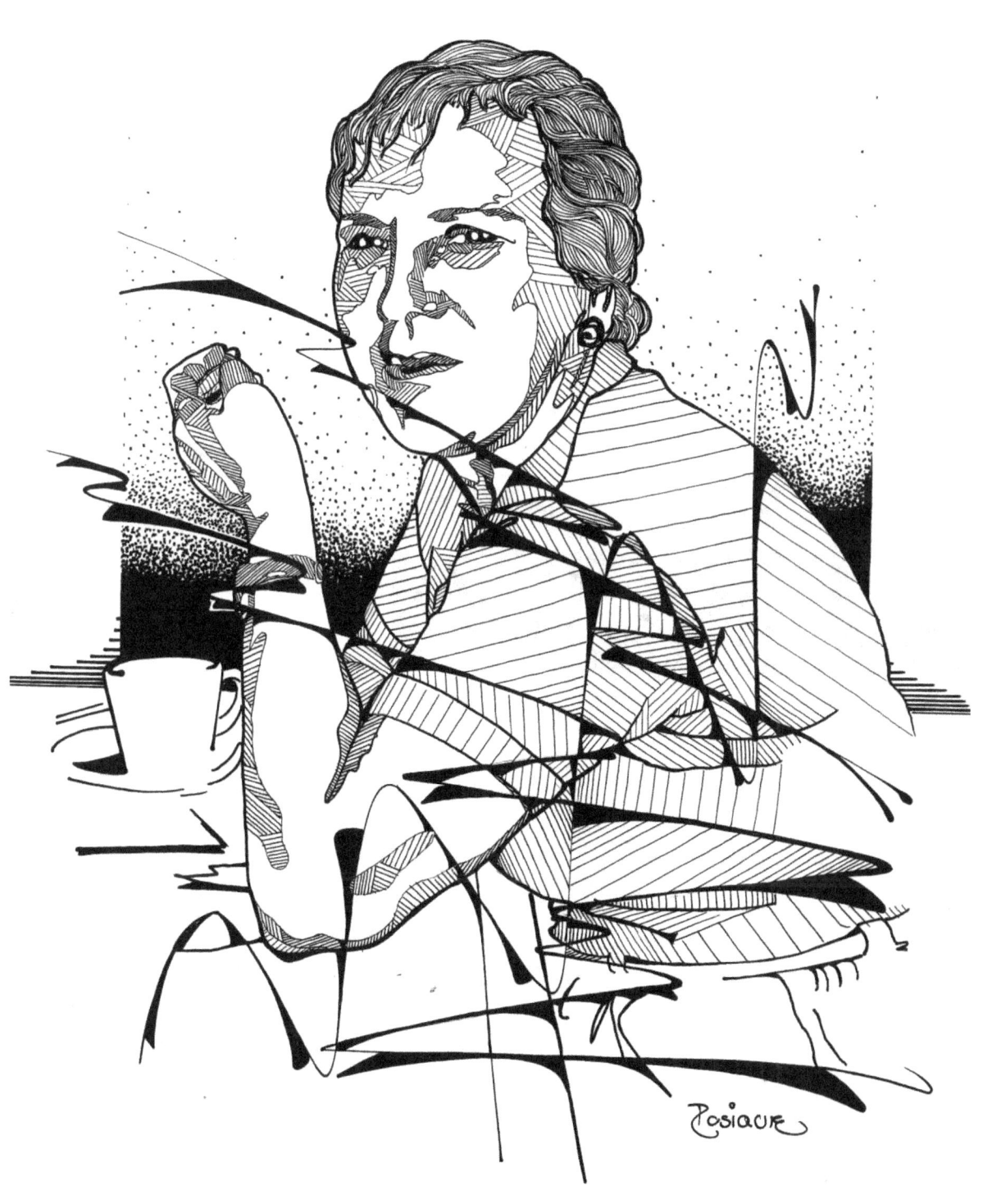

Enrique Trejo Moreno
(Escritor-Writer)
Tijuana, B.C, México, 1946

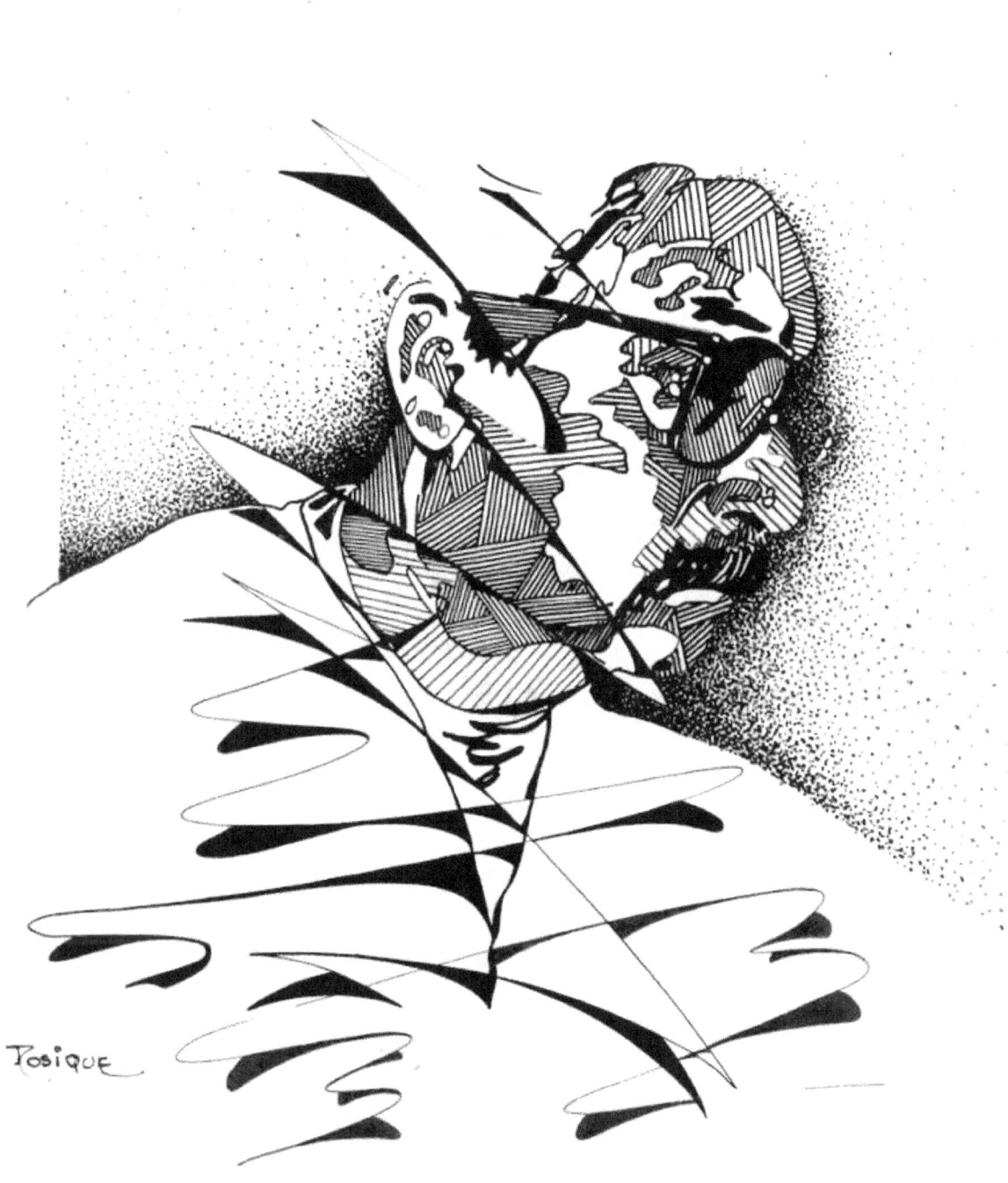

Roberto Castillo
(Escritor-*Writer)*
Tecate, B. C., México, 1951

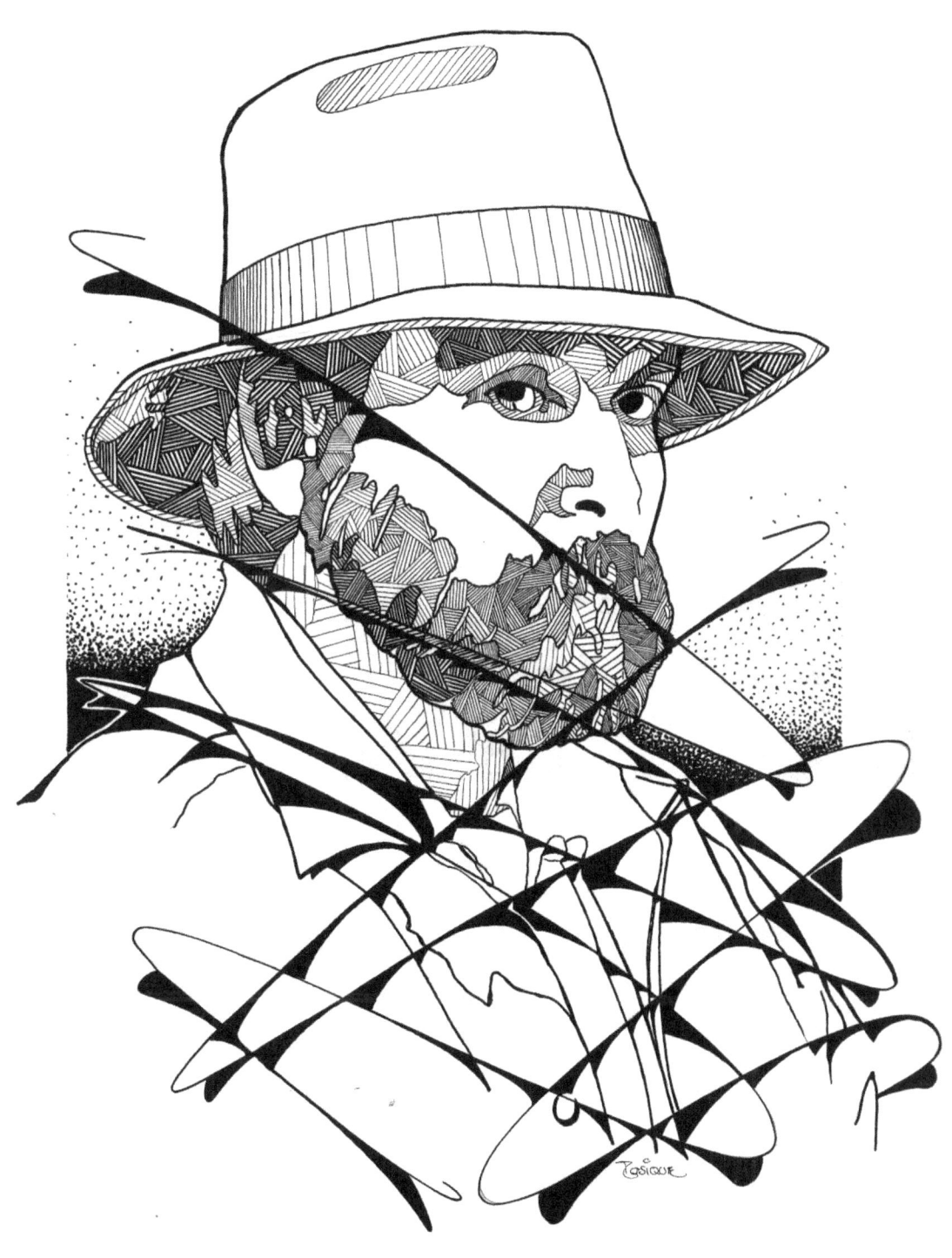

Miguel Nájera Loera
(Pintor-*Painter*)
Acapulco, Guerrero, México, 1946

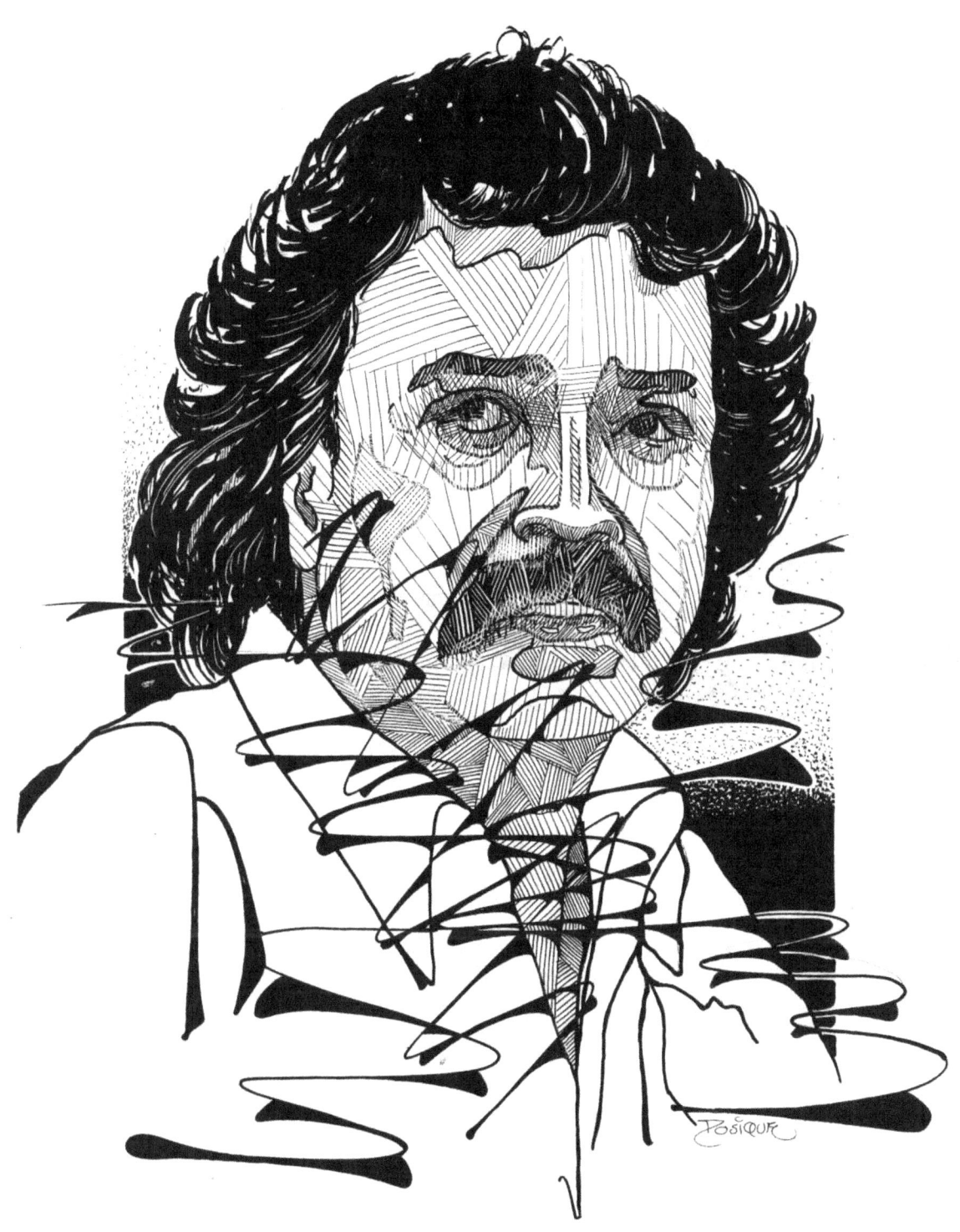

63

Eduardo Arellano
(Escritor-*Writer*)
Zacatecas, Zac., 1959 – Tijuana, B. C., 2004

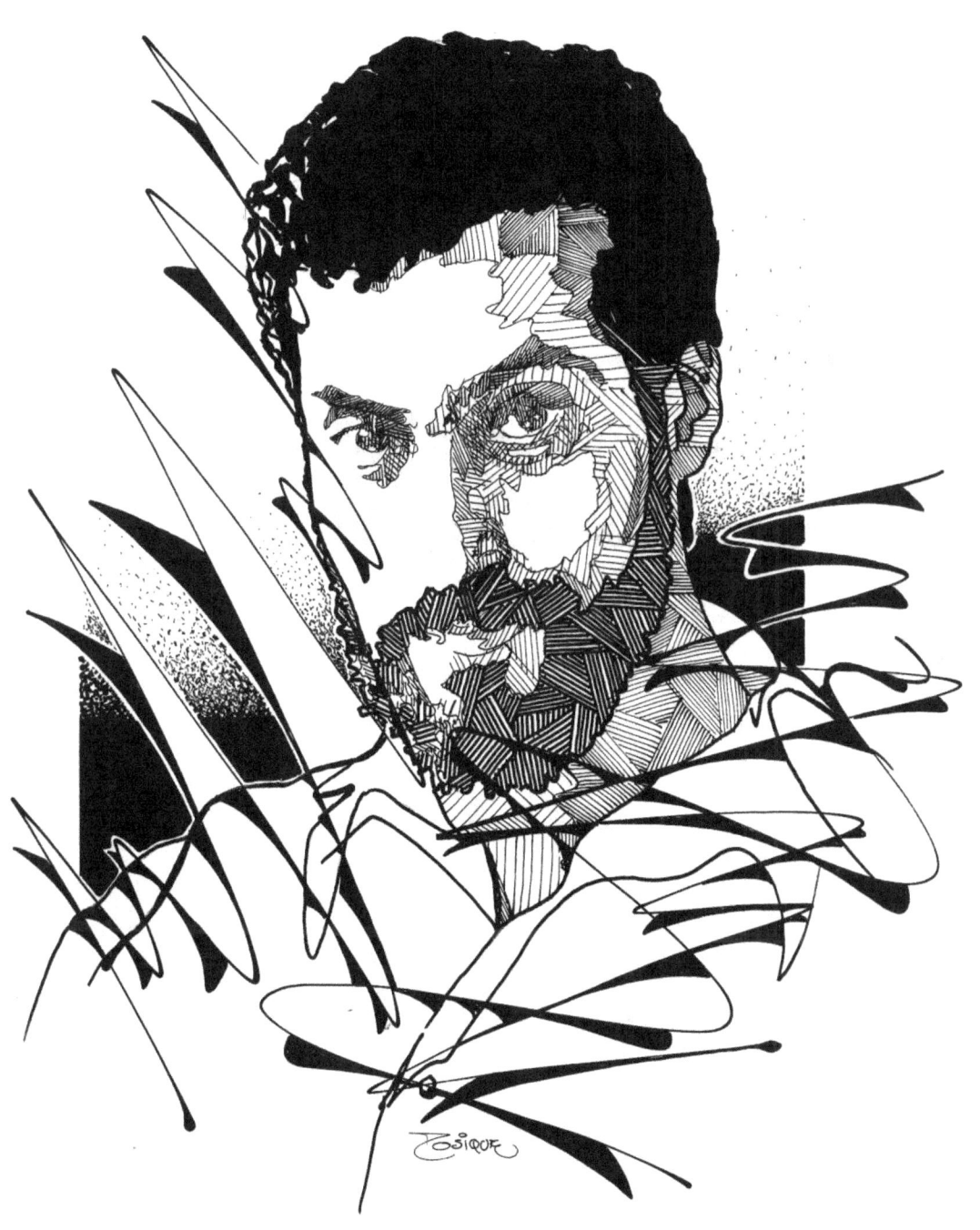

Epitacio Sosa García
(Pintor-*Painter*)
Mexicali, B.C. México, 1958 – Tijuana, B. C. 2006

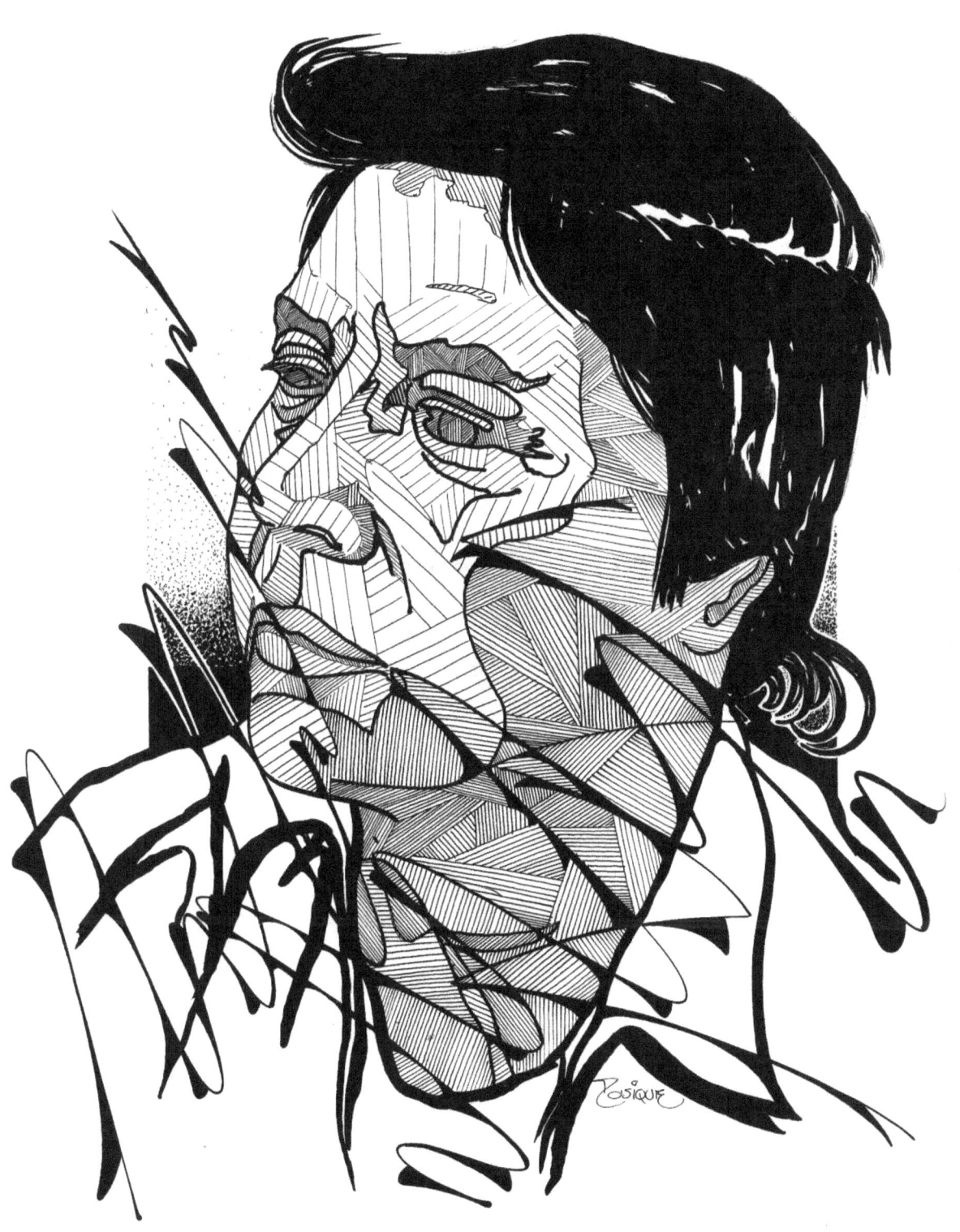

Alfonso García Cortez
(Escritor-Writer)
Tijuana, B.C., México, 1963

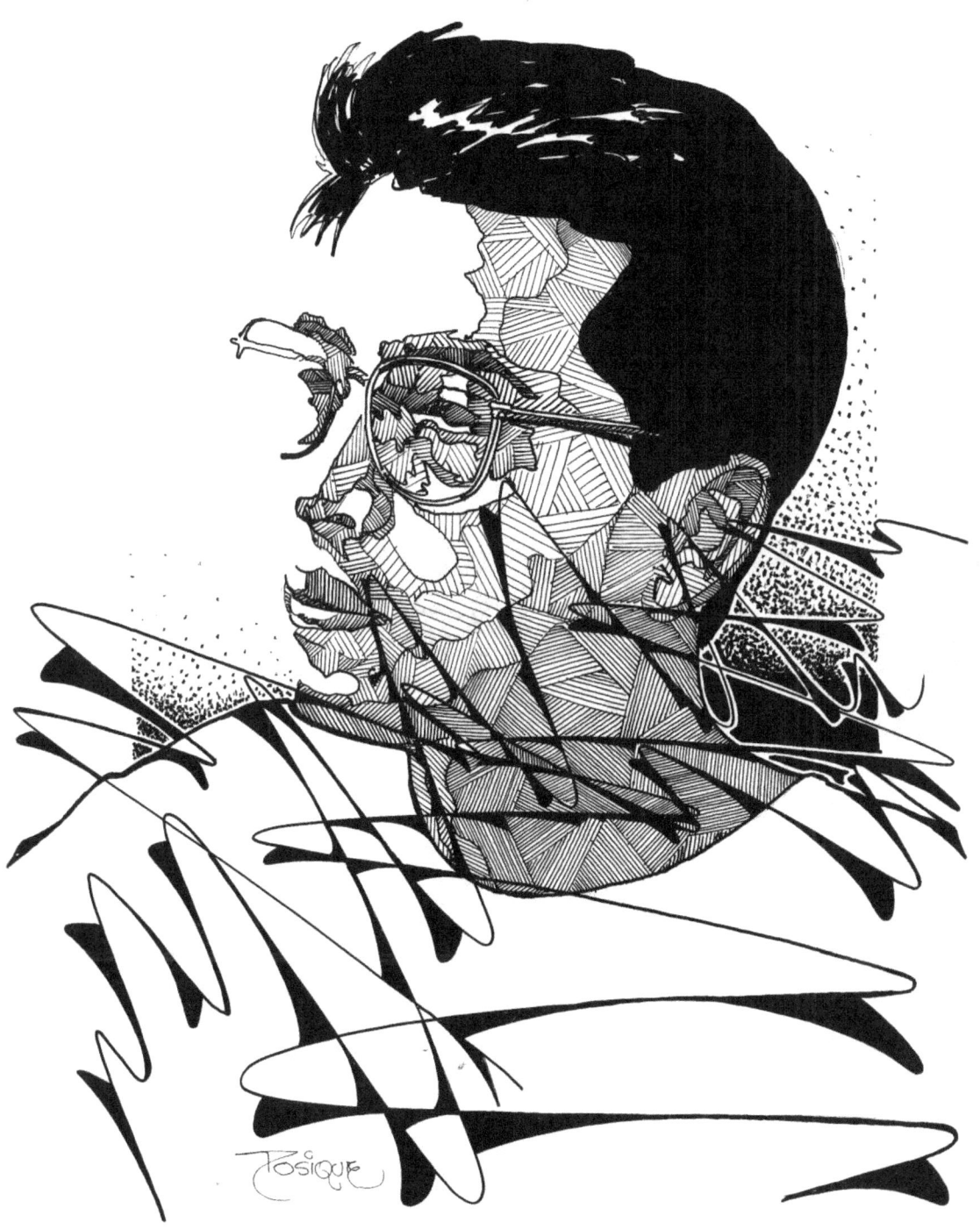

Francisco Chávez Corrugedo
(Pintor-*Painter*)
Guanacevi, Durango, México, 1947

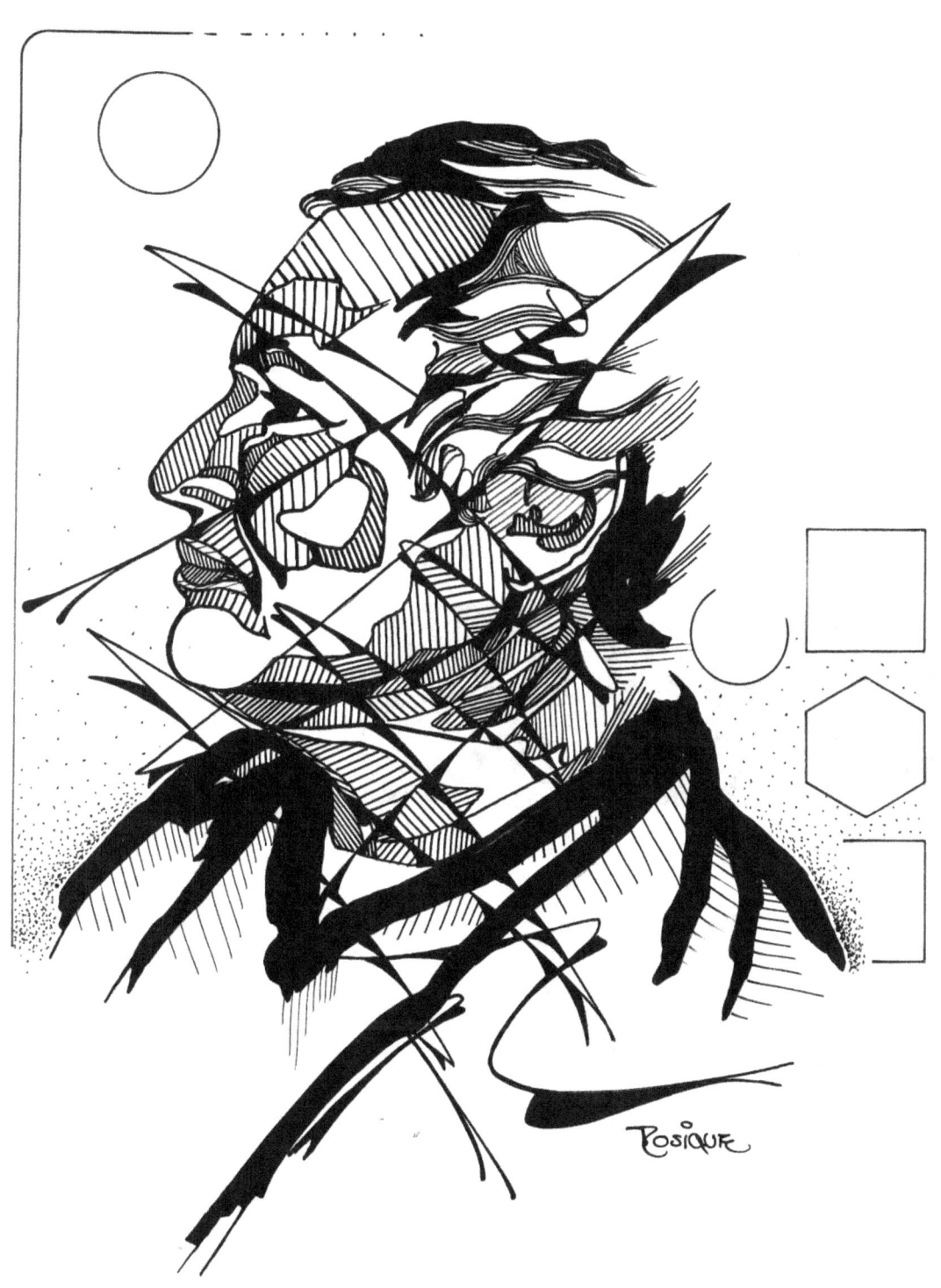

Juan Carlos Rea
(Escritor-*Writer*)
Guadalajara, Jalisco, México, 1958

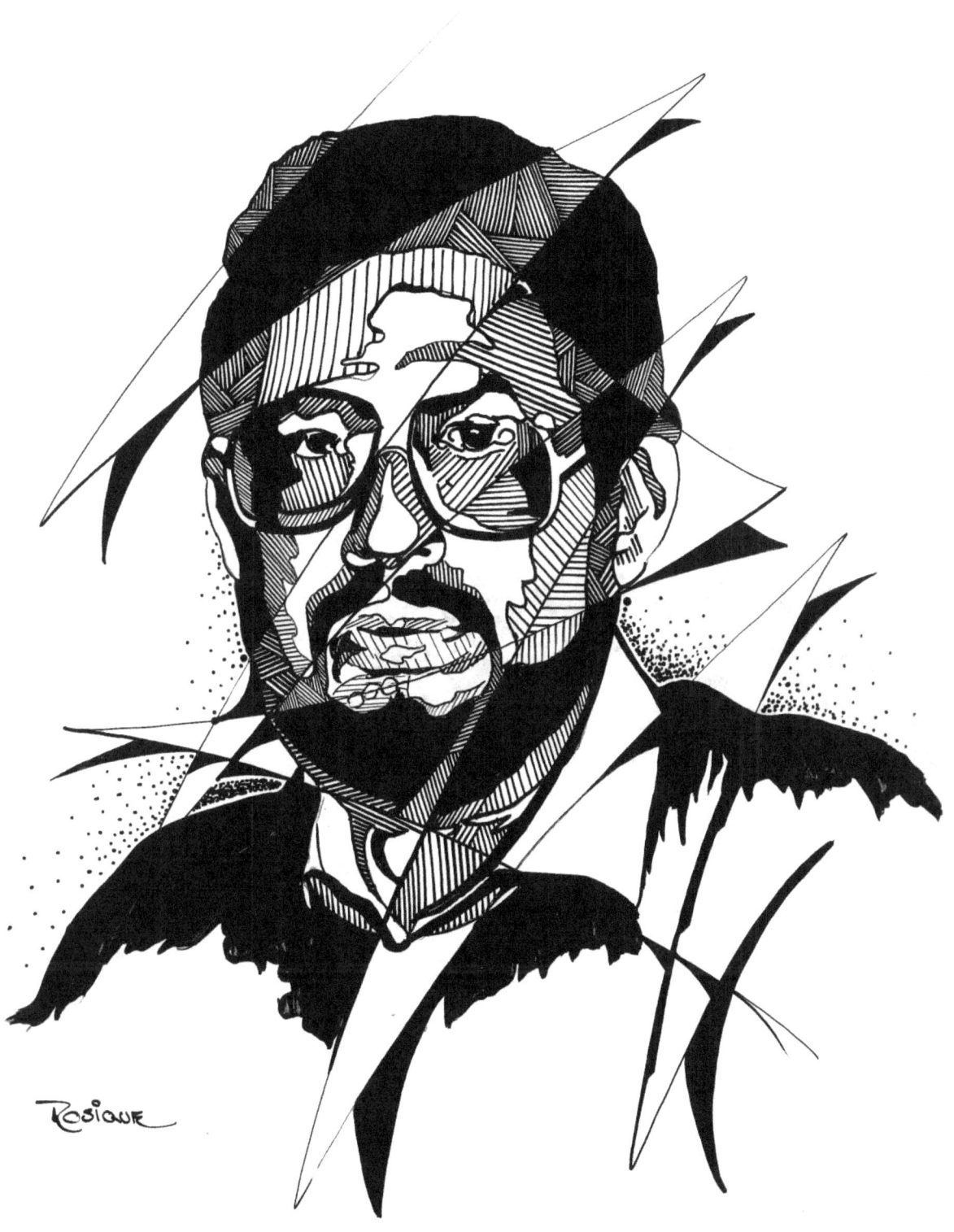

Sergio Gómez Montero
(Escritor-Writer)
Morelia, Michoacán, México, 1945

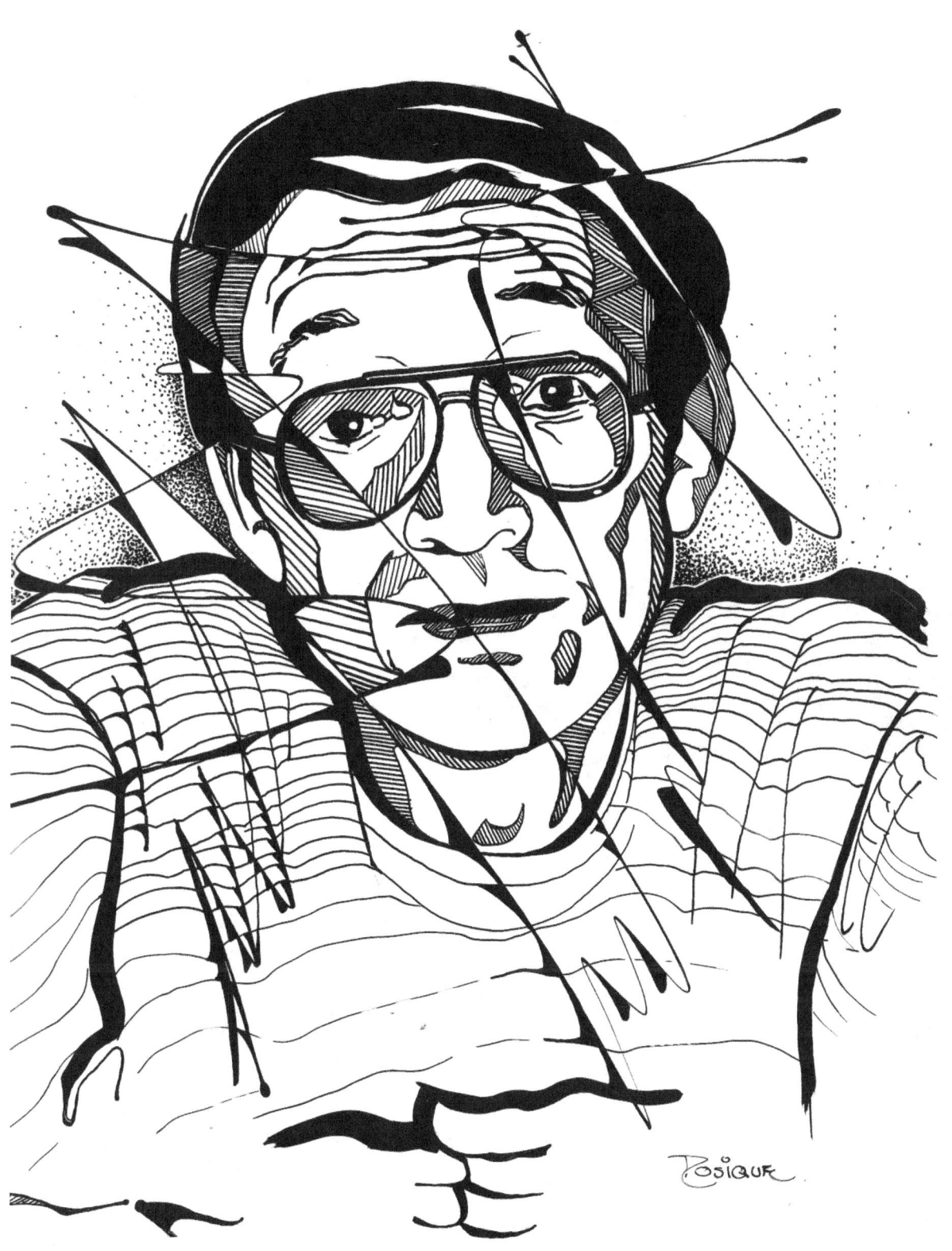

75

Mauricio Hernández Anícera
(Escritor-*Writer*)
México DF., 1969.

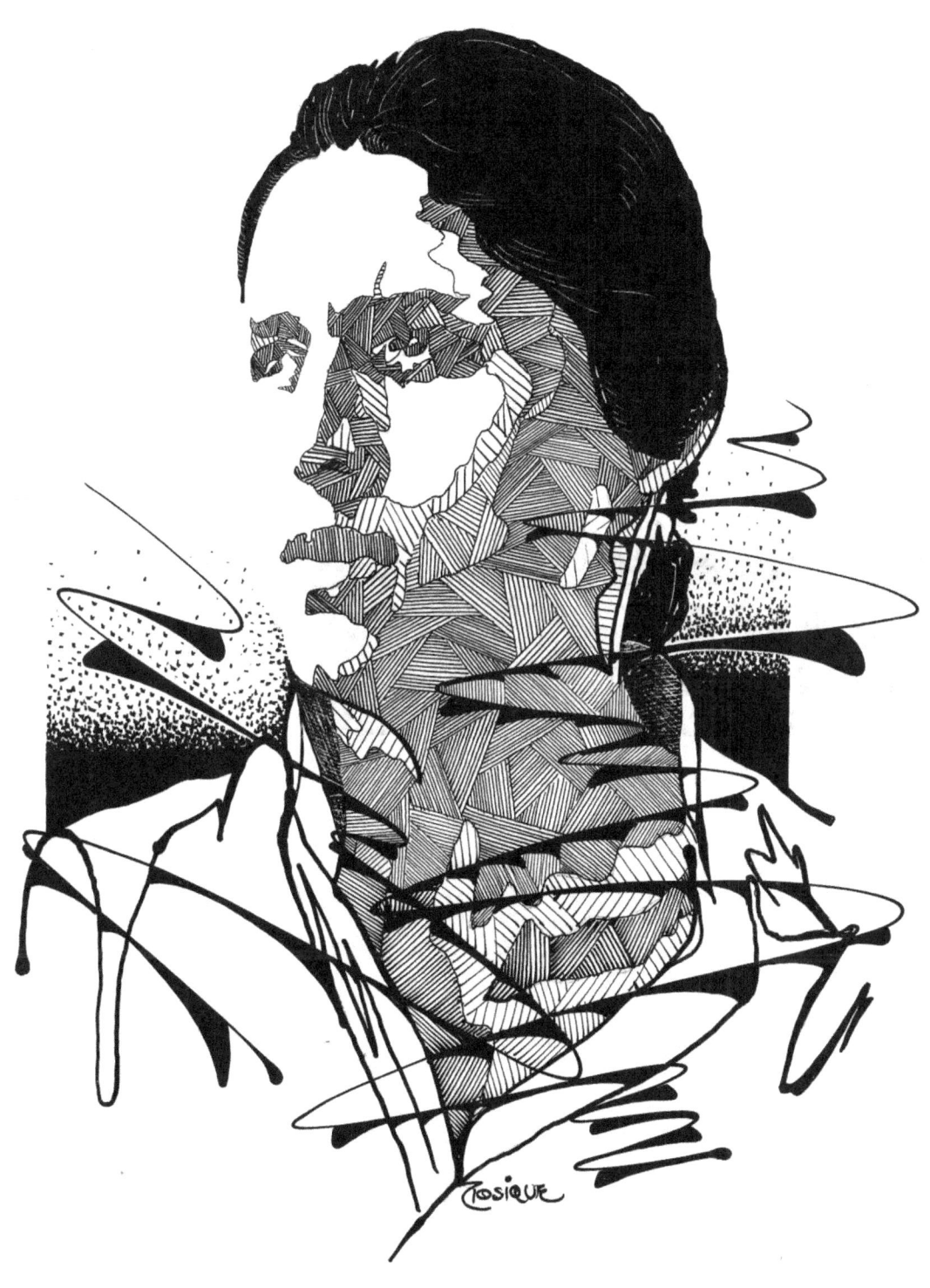

Ramiro León Zavala
(Escritor-*Writer*)
Zacapu, Michoacán, México, 1939

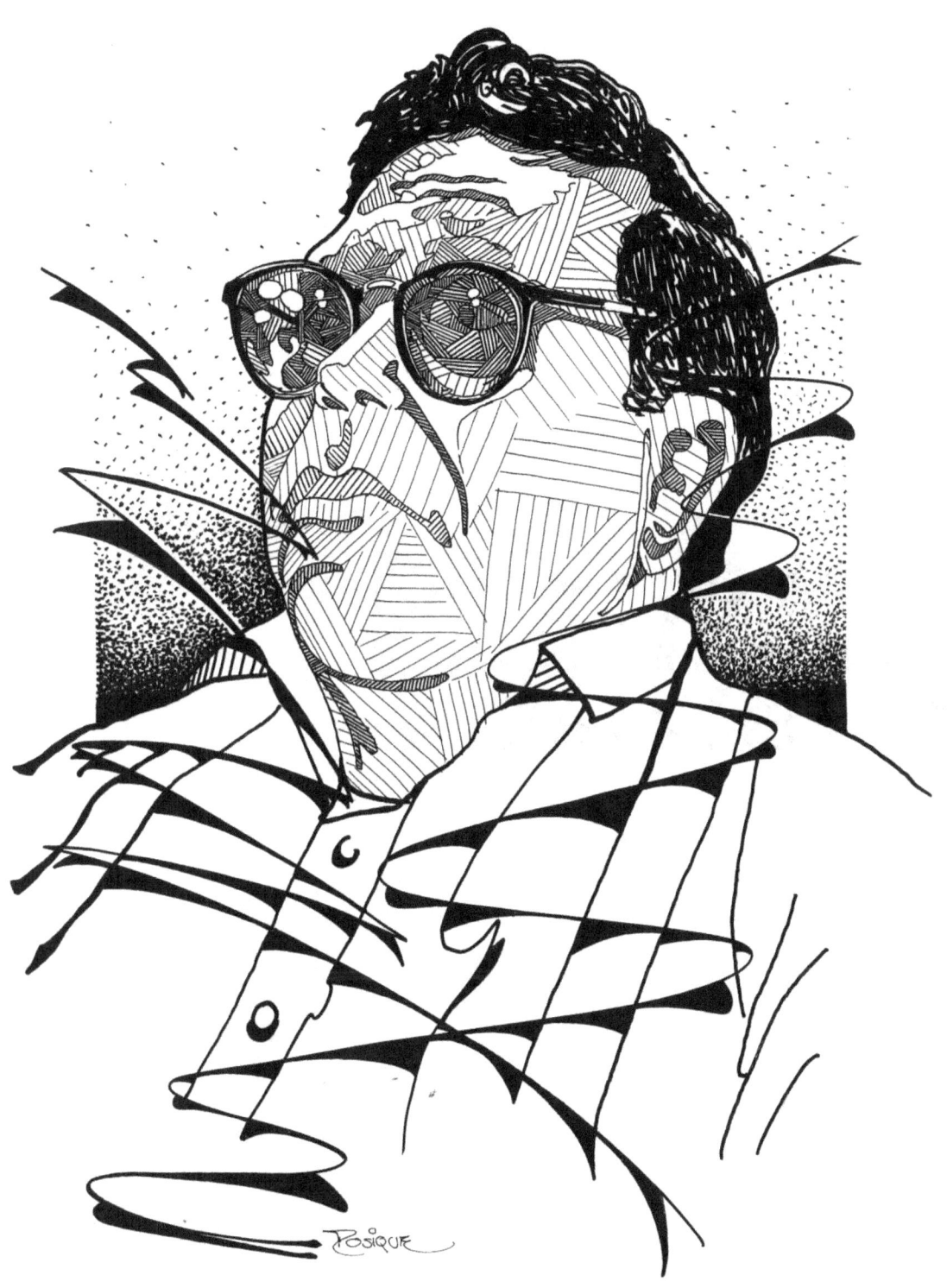

José Luis López Cárdenas
(Escritor-Writer)
Tenamactán, Jalisco, México, en 1940

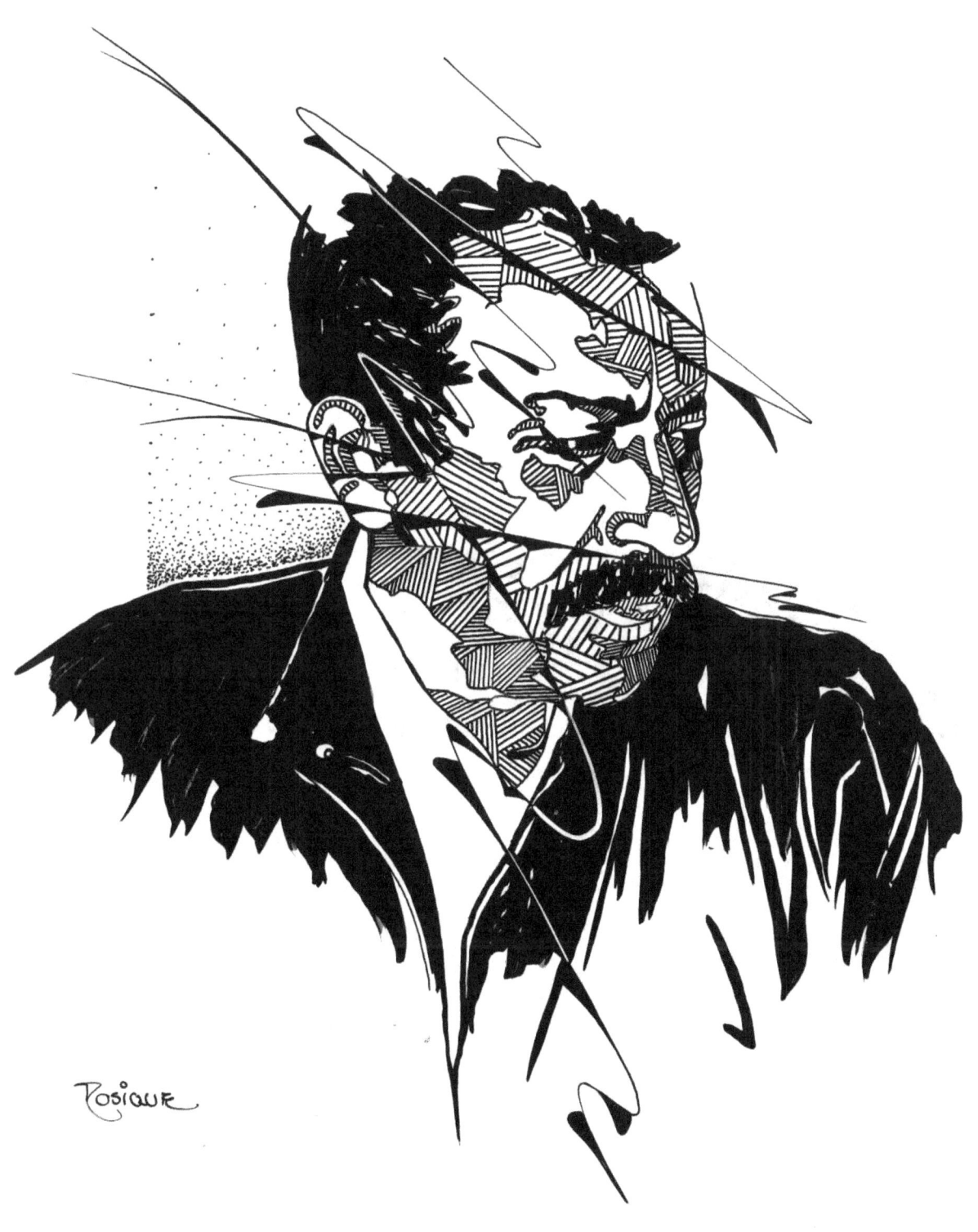

Julieta Bartolini Contreras
(Fotógrafa - *Photographe*r)
México, D.F, 1963 – Tijuana, B. C., 2008

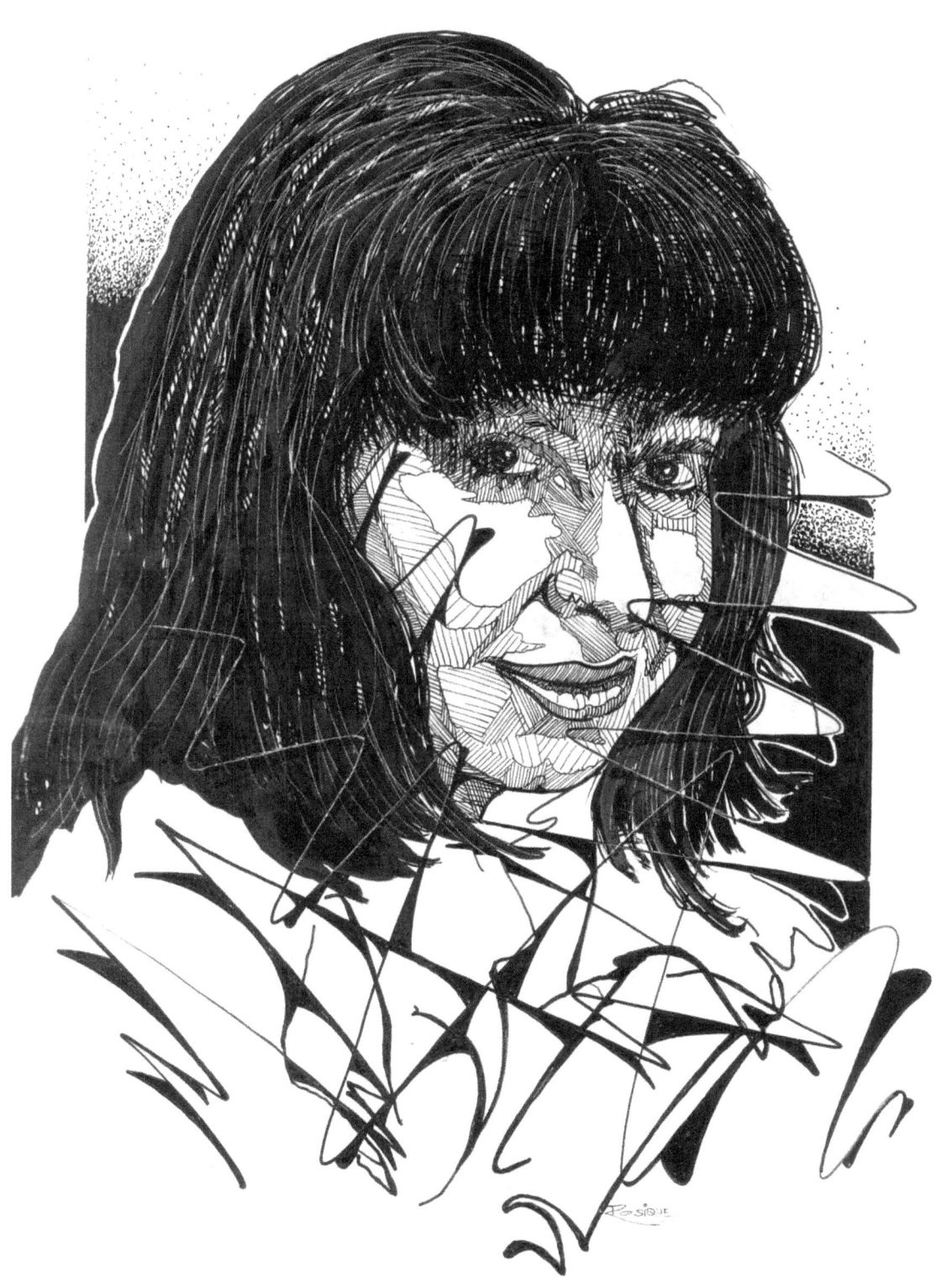

Jesús Guerra
(Escritor-Writer)
México, D.F, 1961

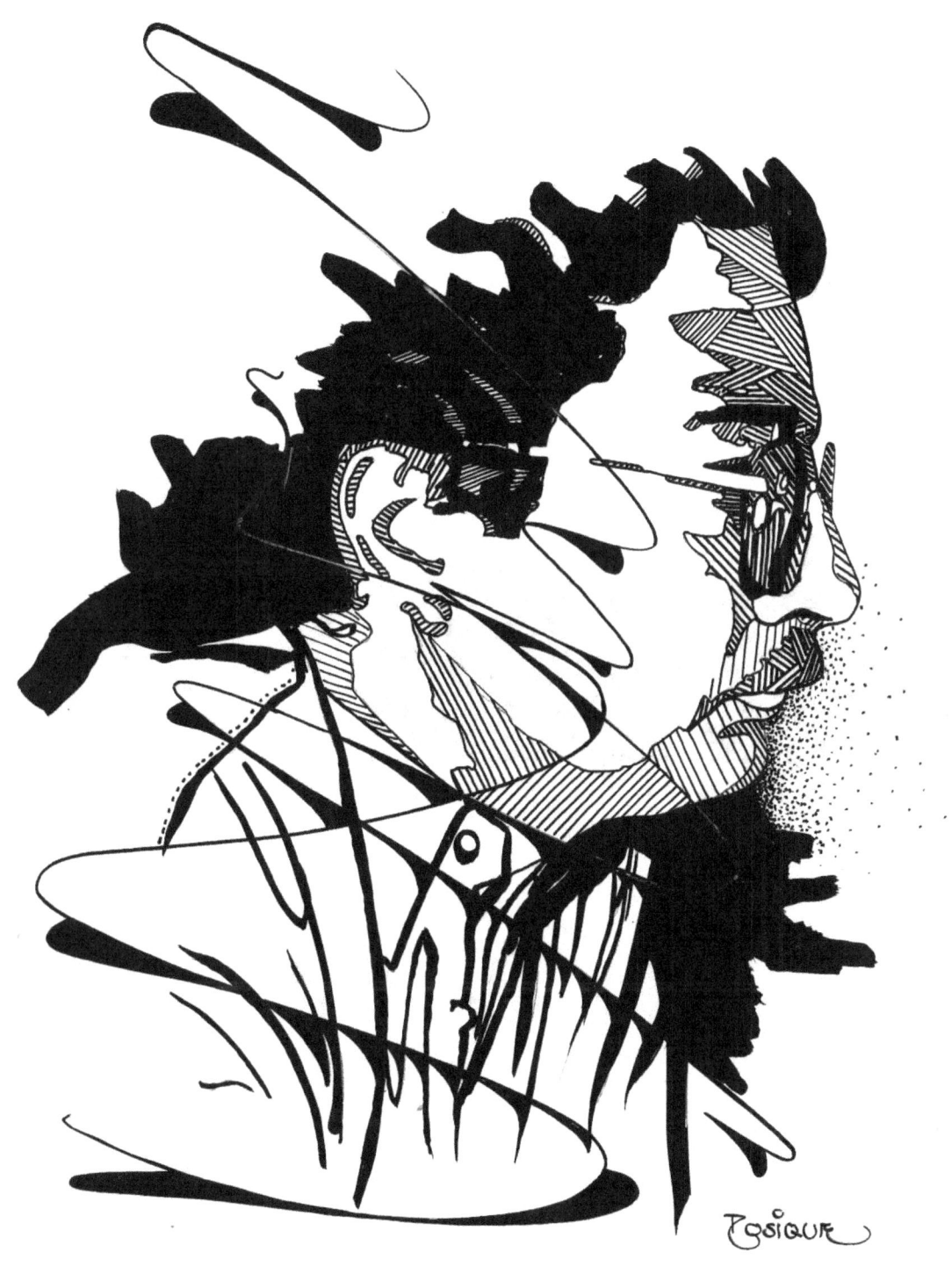

85

Manuel Luis Escutia
(Pintor – *Painter*)
México, DF., 1940

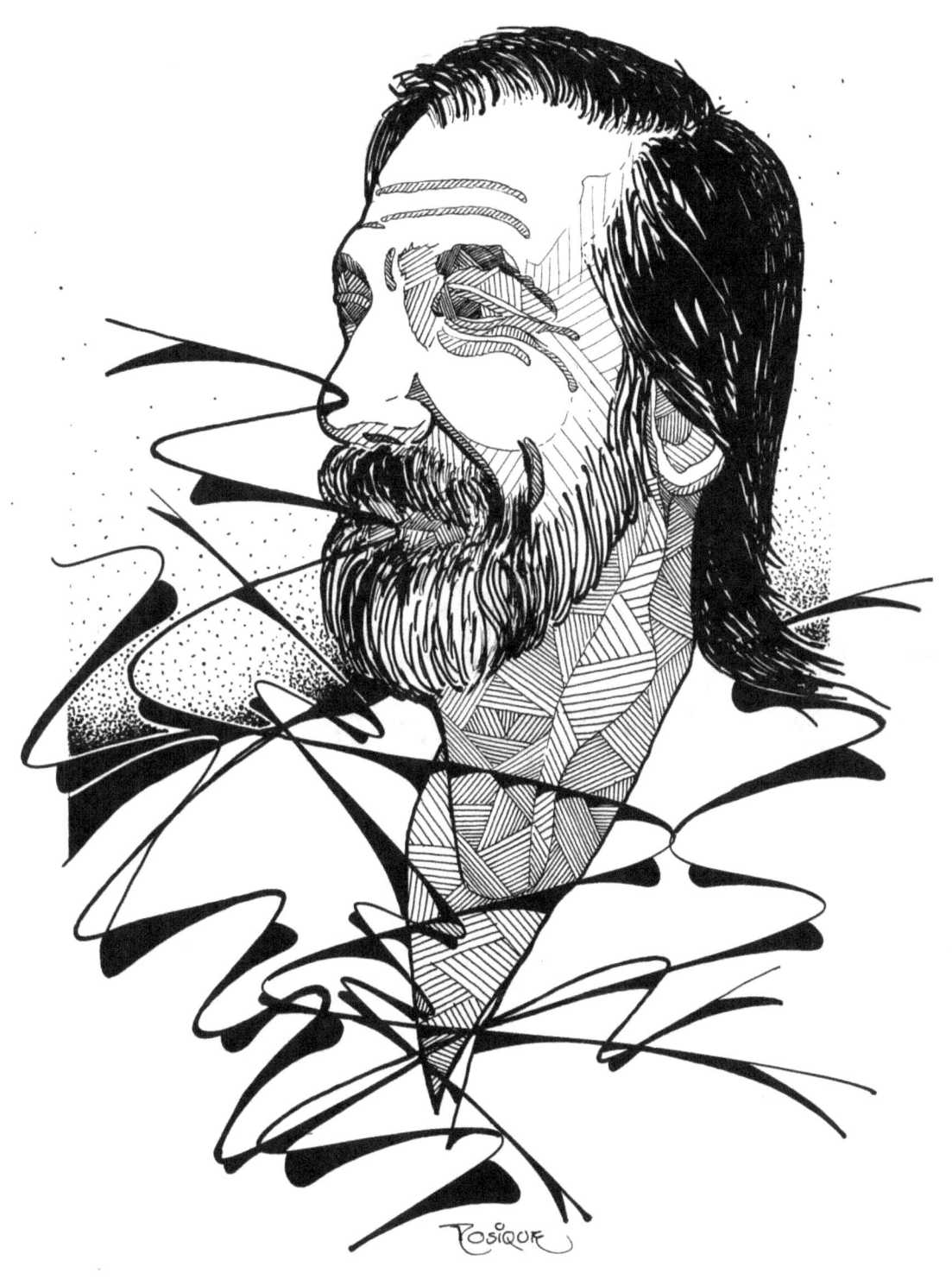

René Blanco Villalón
(Fotógrafo - *Photographer*)
Mexicali, B.C., México, 1971

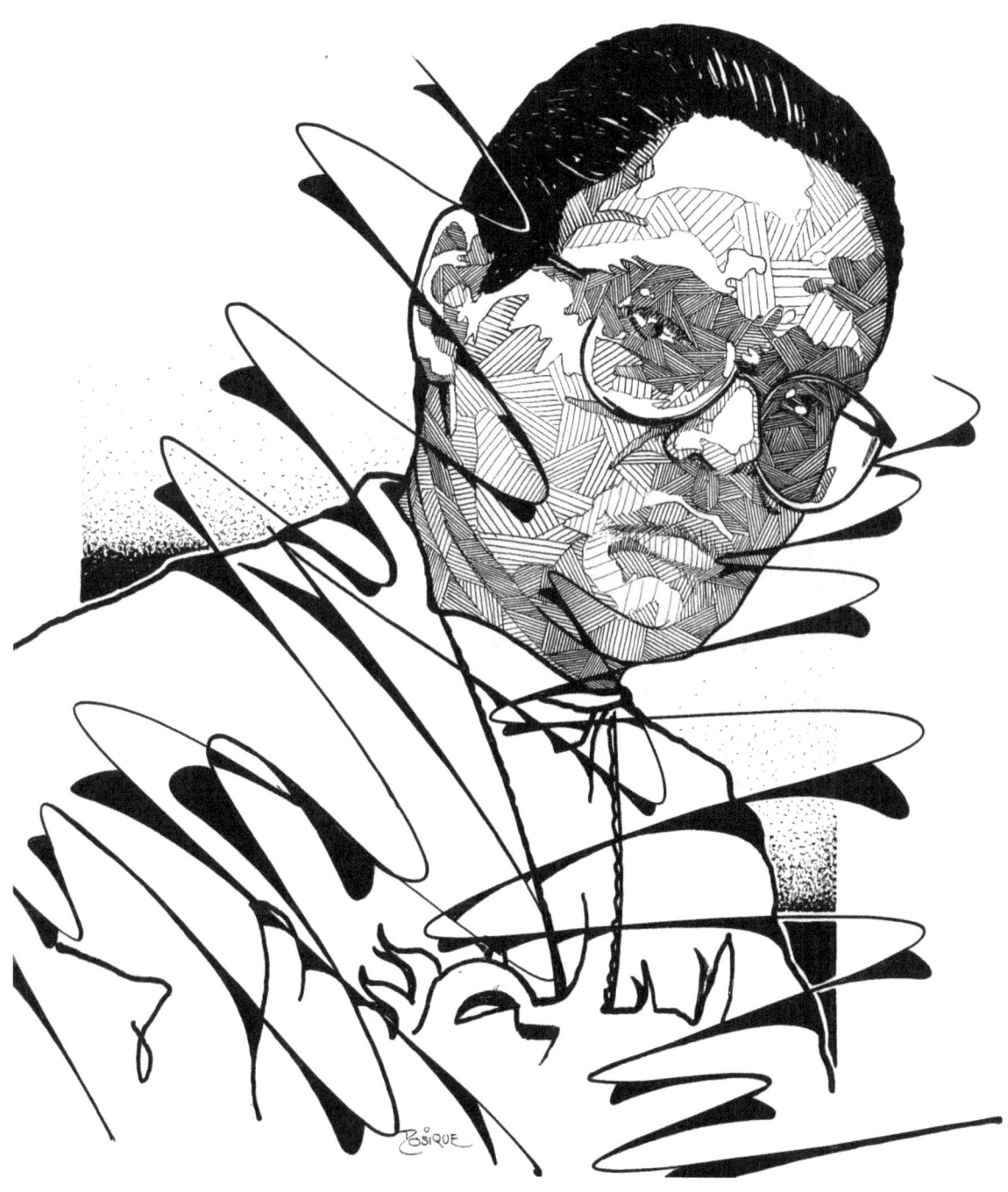

Manuel Rodríguez Varrona
(Pintor-*Painter*)
Tijuana, B.C, México, 1936

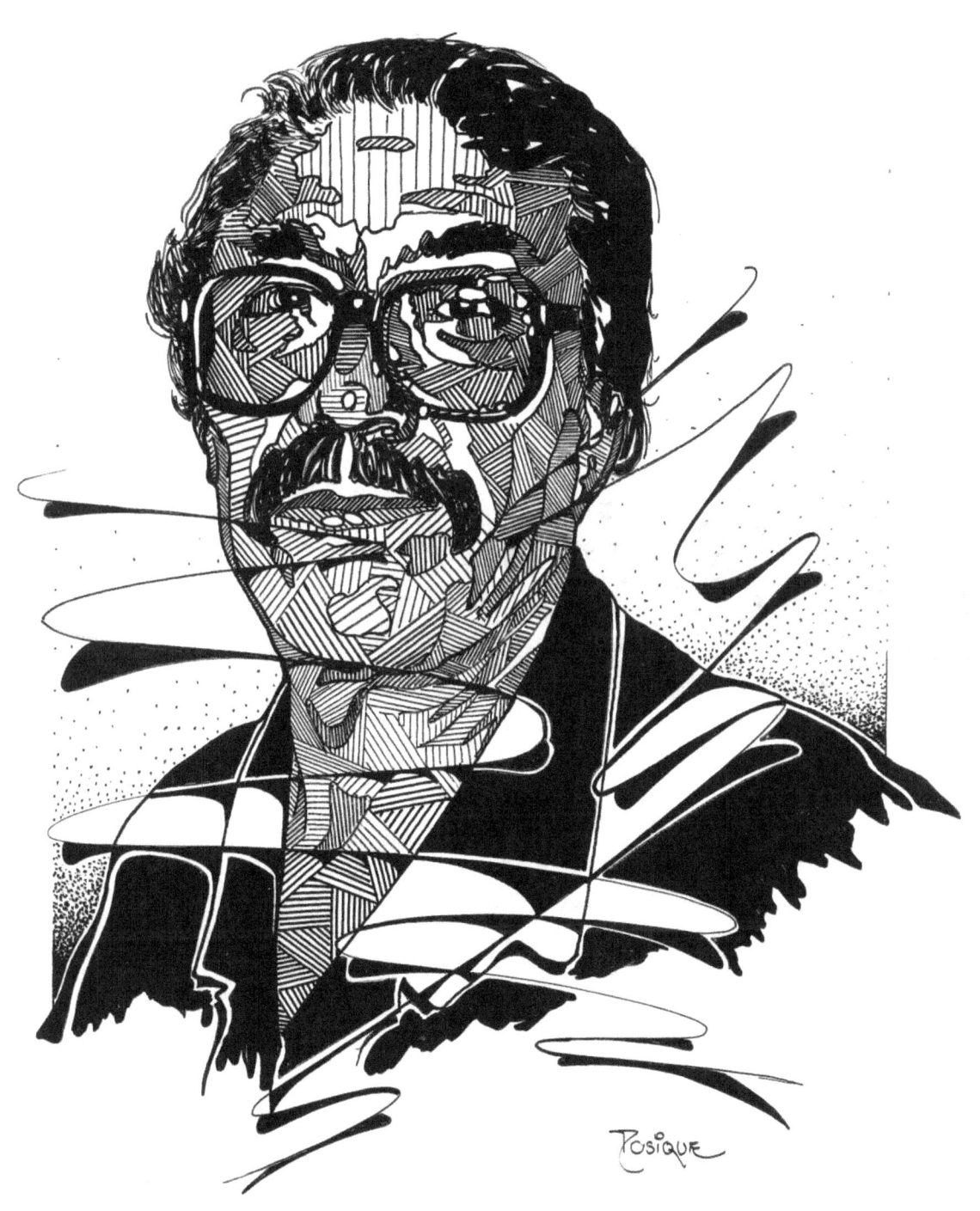

Marco Antonio Samaniego
(Escritor-Writer)
Tijuana, B.C., México, 1965

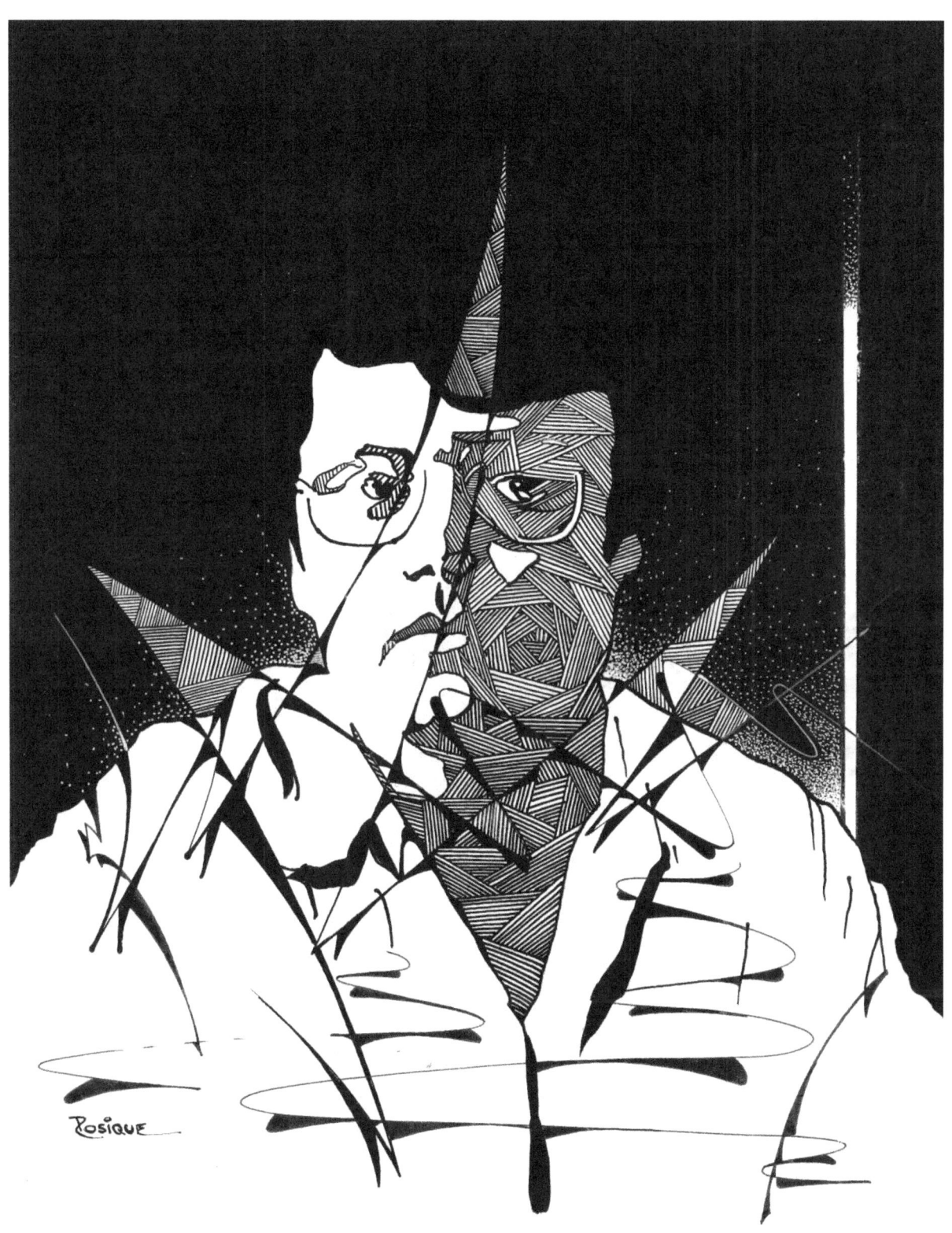

Yolanda Castaño
(Pintora-*Painter*)
México, D.F., en 194 – Tijuana, B.C., 2002

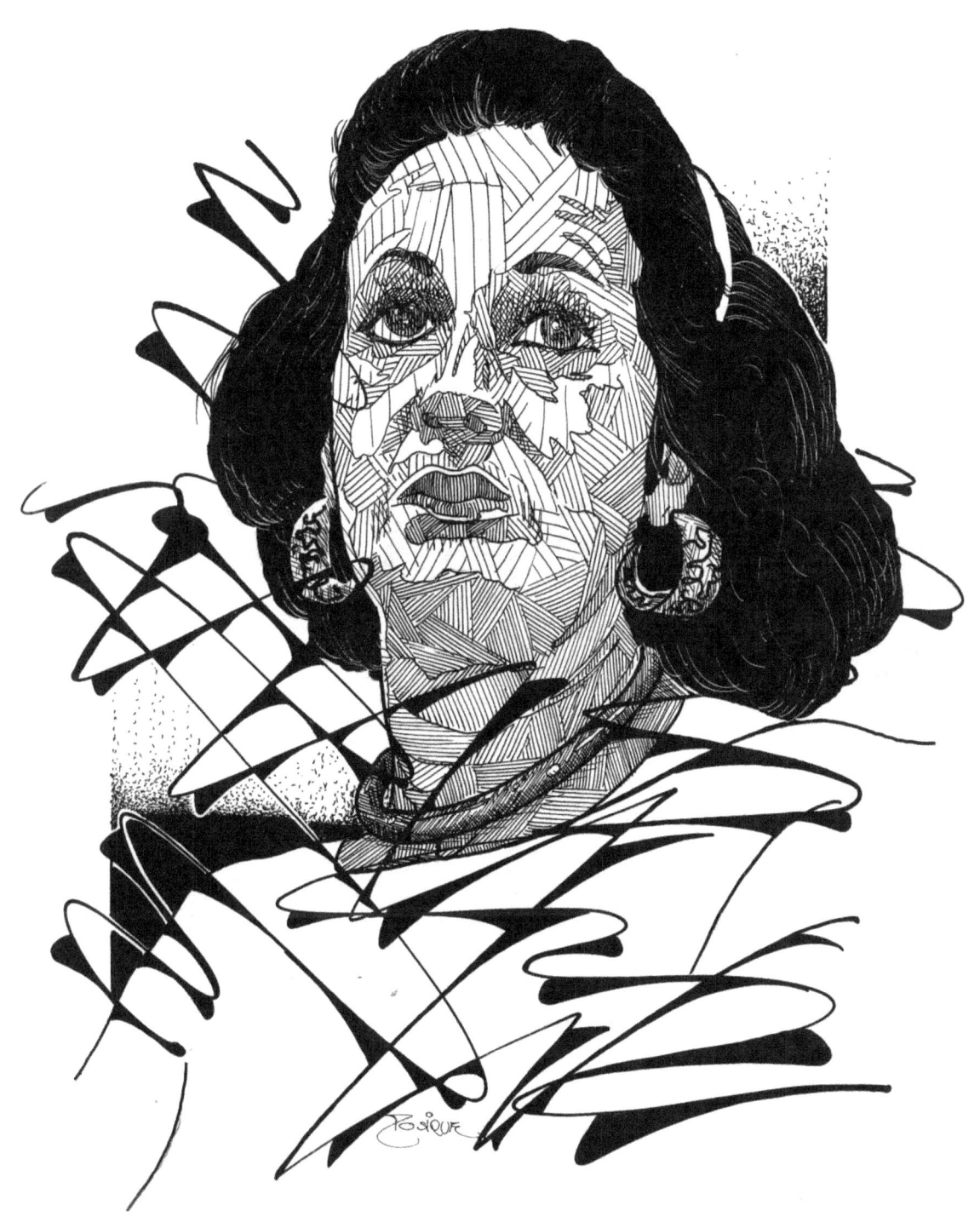

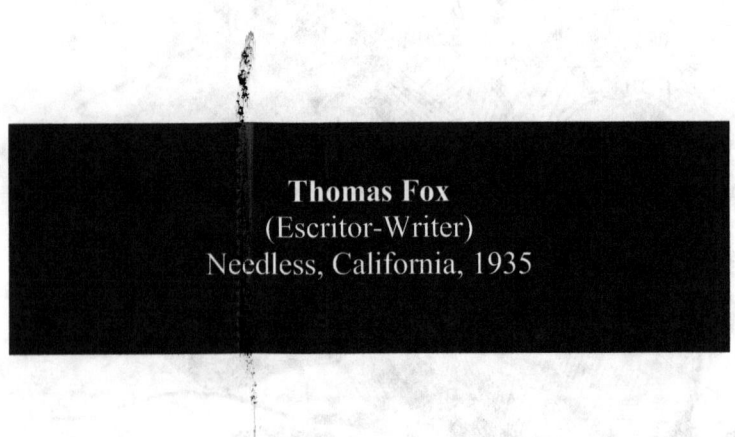

Thomas Fox
(Escritor-Writer)
Needless, California, 1935

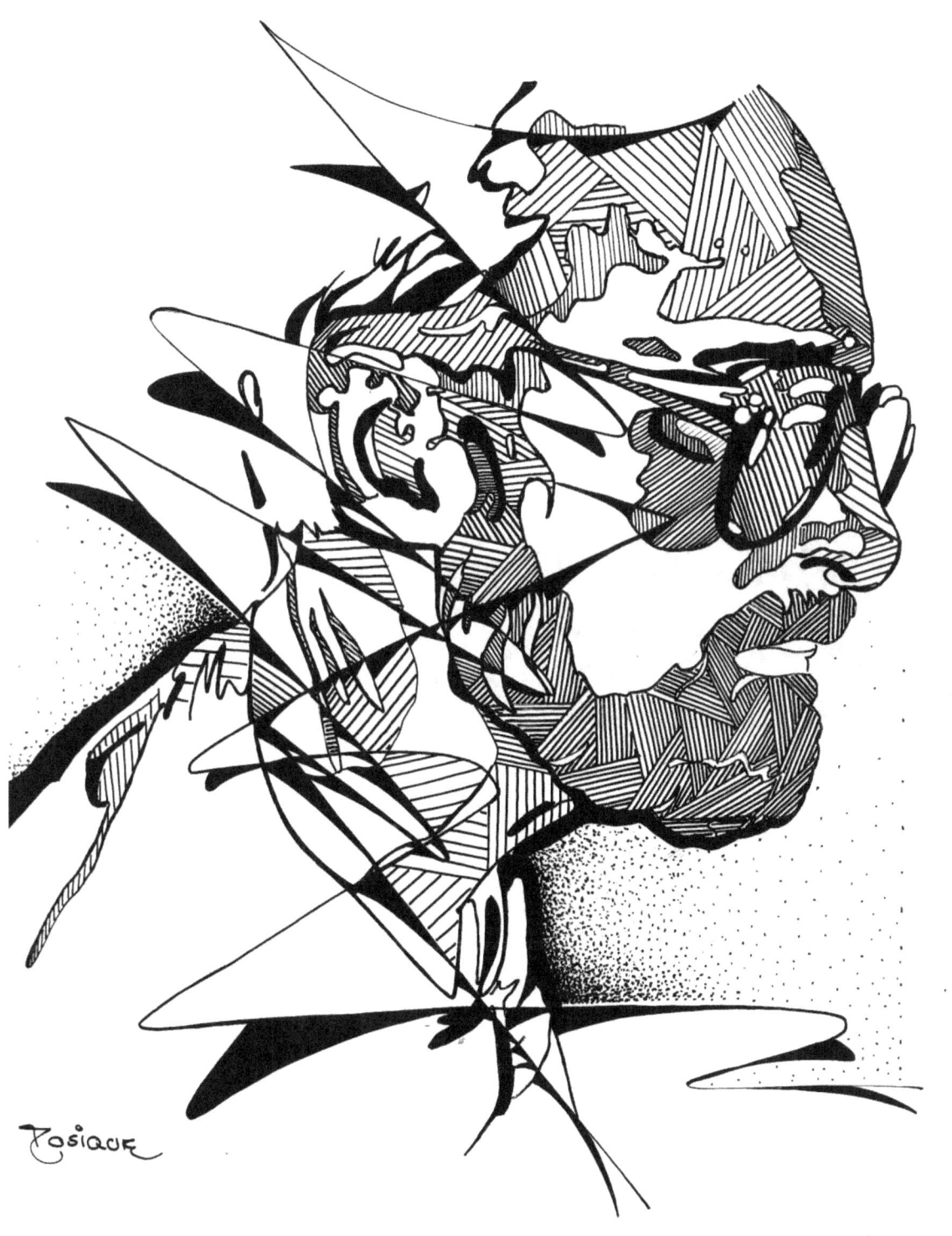

Neiro Fernely León Villanueva
(Escritor-*Writer*)
Tijuana, B.C, México, 1966.

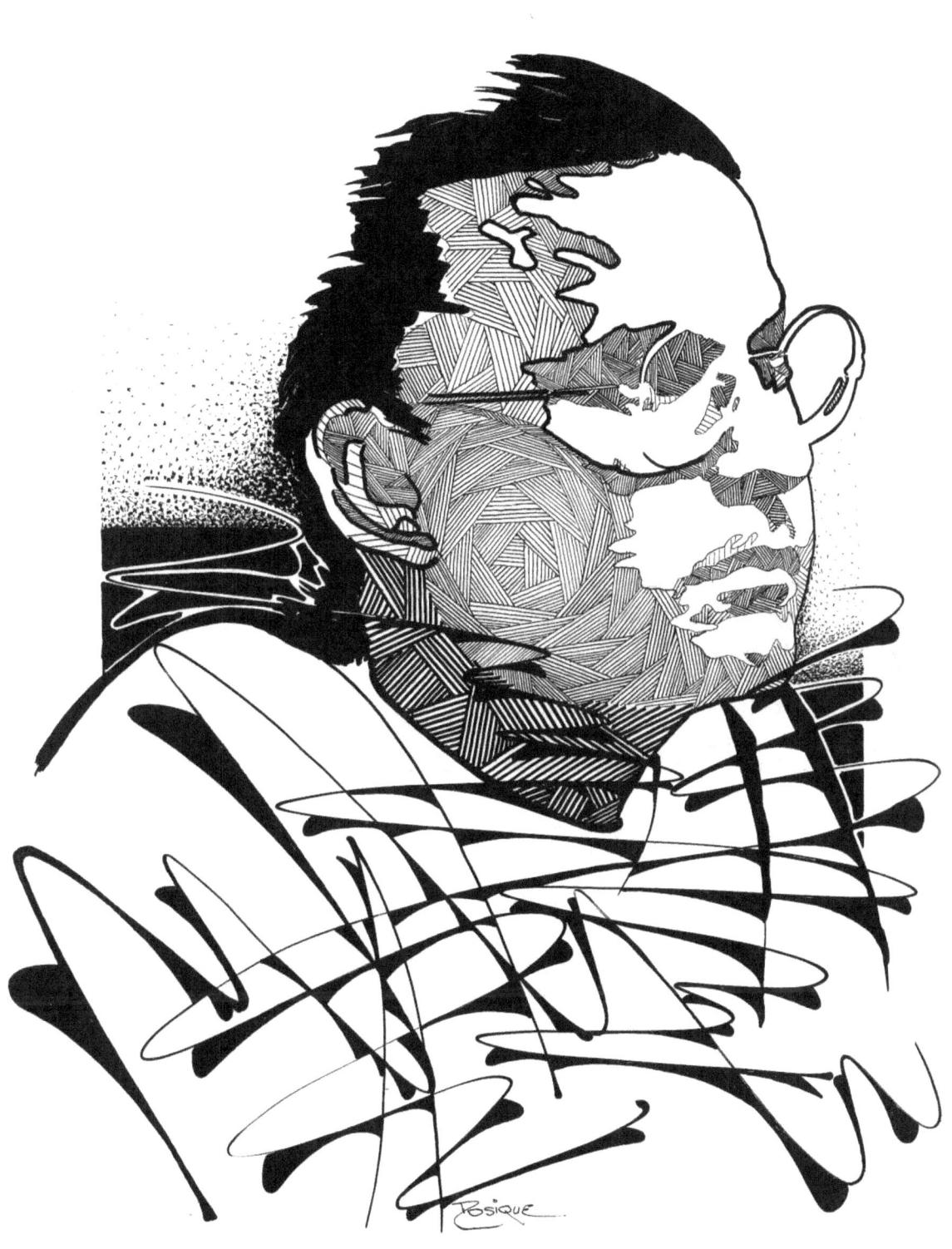

Luz María Dávila
(Pintora-*Painter*)
Tijuana, B.C, México, 1935

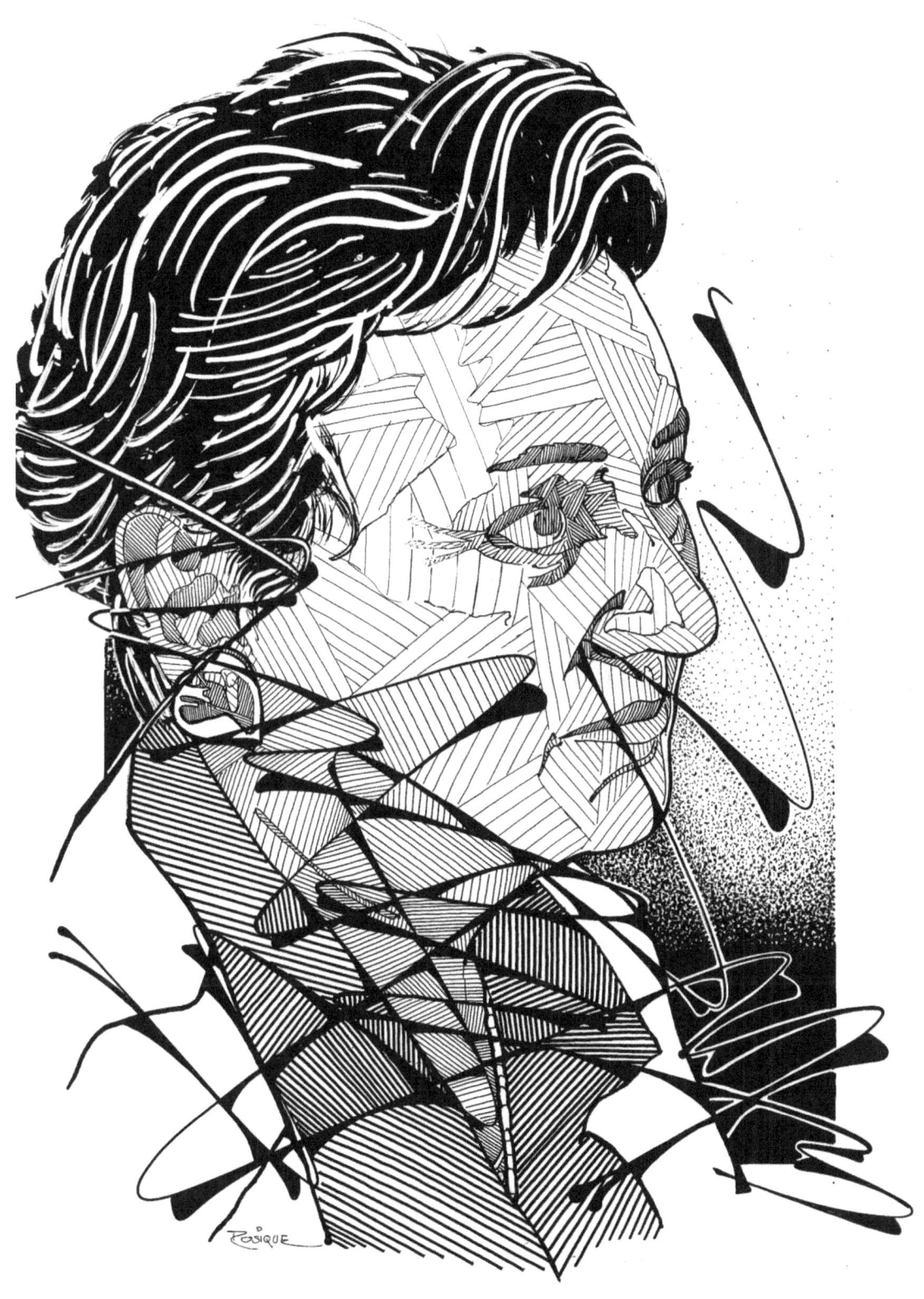

Iván Pérez Solís
Escritor – *Writer*)
Mérida, Yucatán, México, 1919

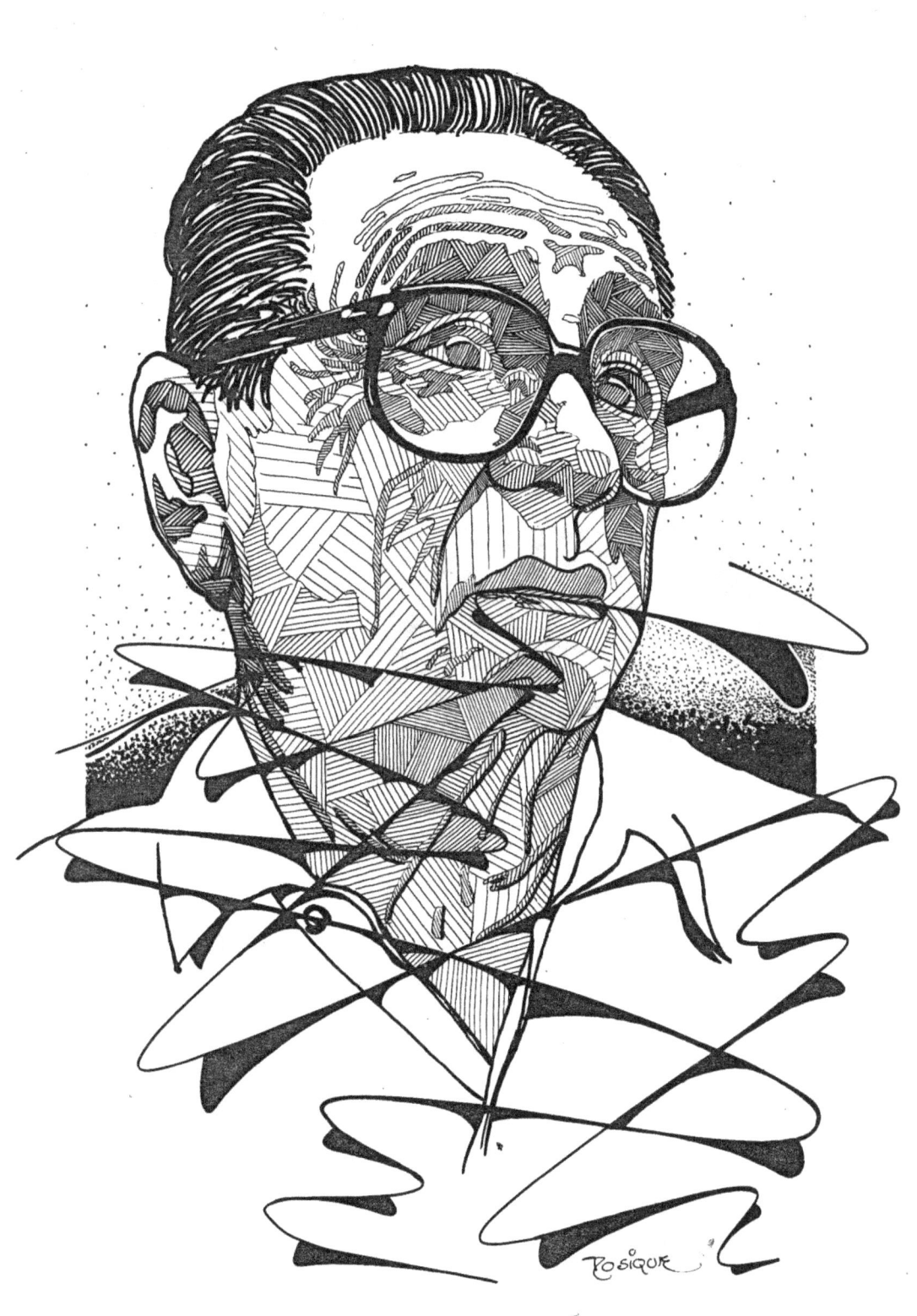

Alfonso Lorenzana
(Fotógrafo-Photographer)
San Luis Rio Colorado, Sonora 1956

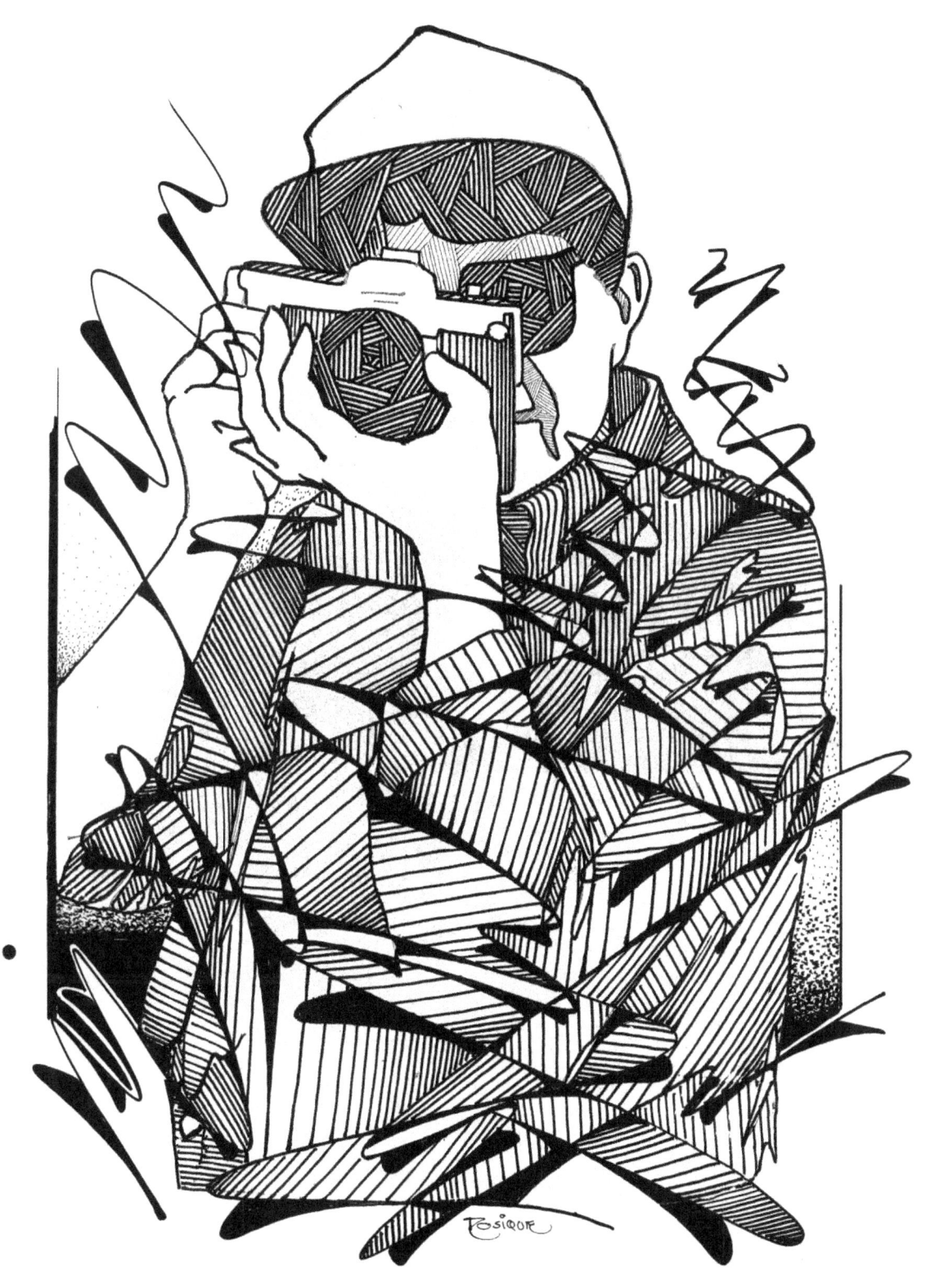

Vianka R. Santana
(Escritora-*Writer*)
Tijuana, B. C., México, 1968

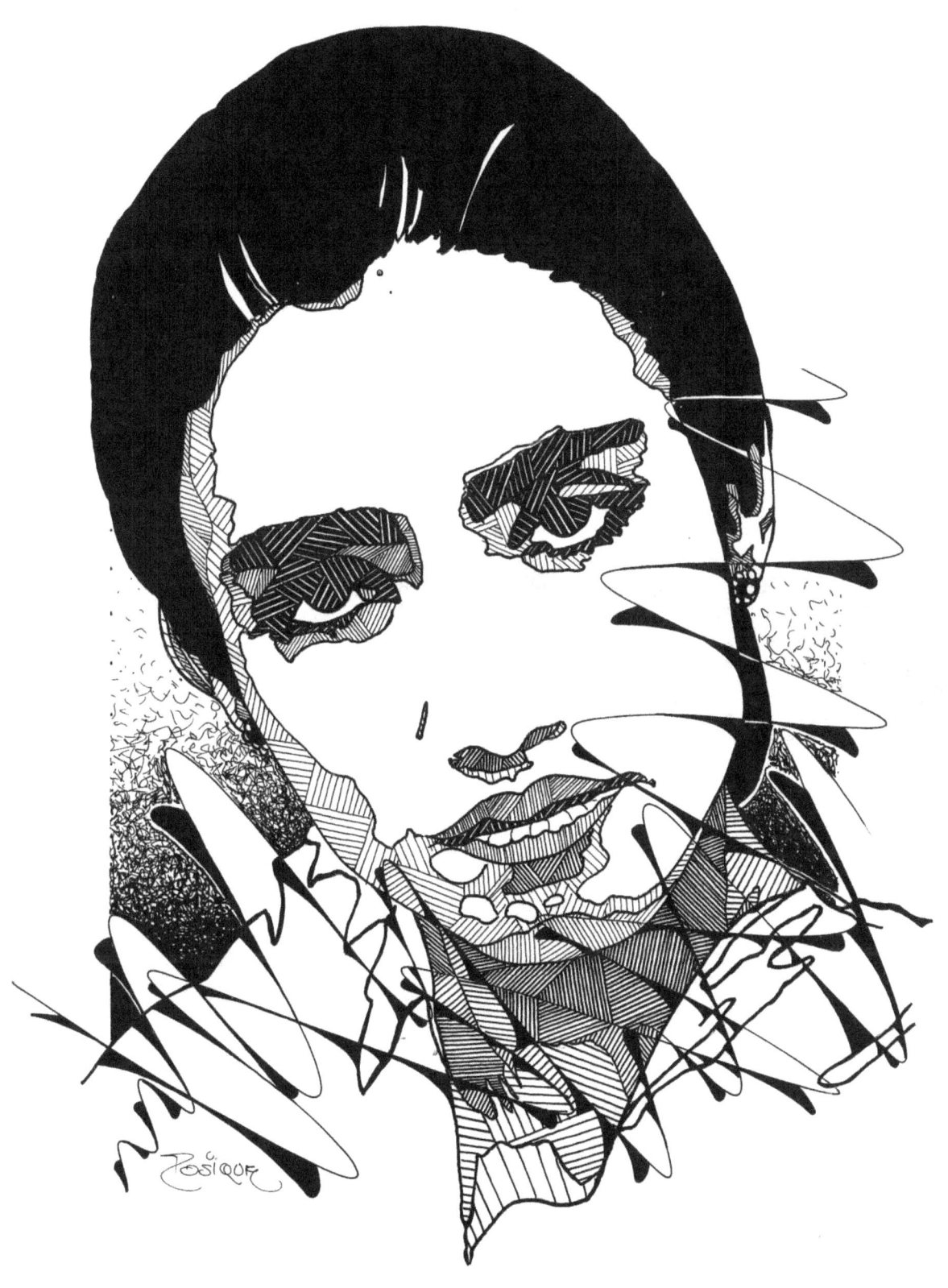

Francisco Javier Galaviz
(Fotógrafo
Villa Obregón, Jalisco, México, 1952

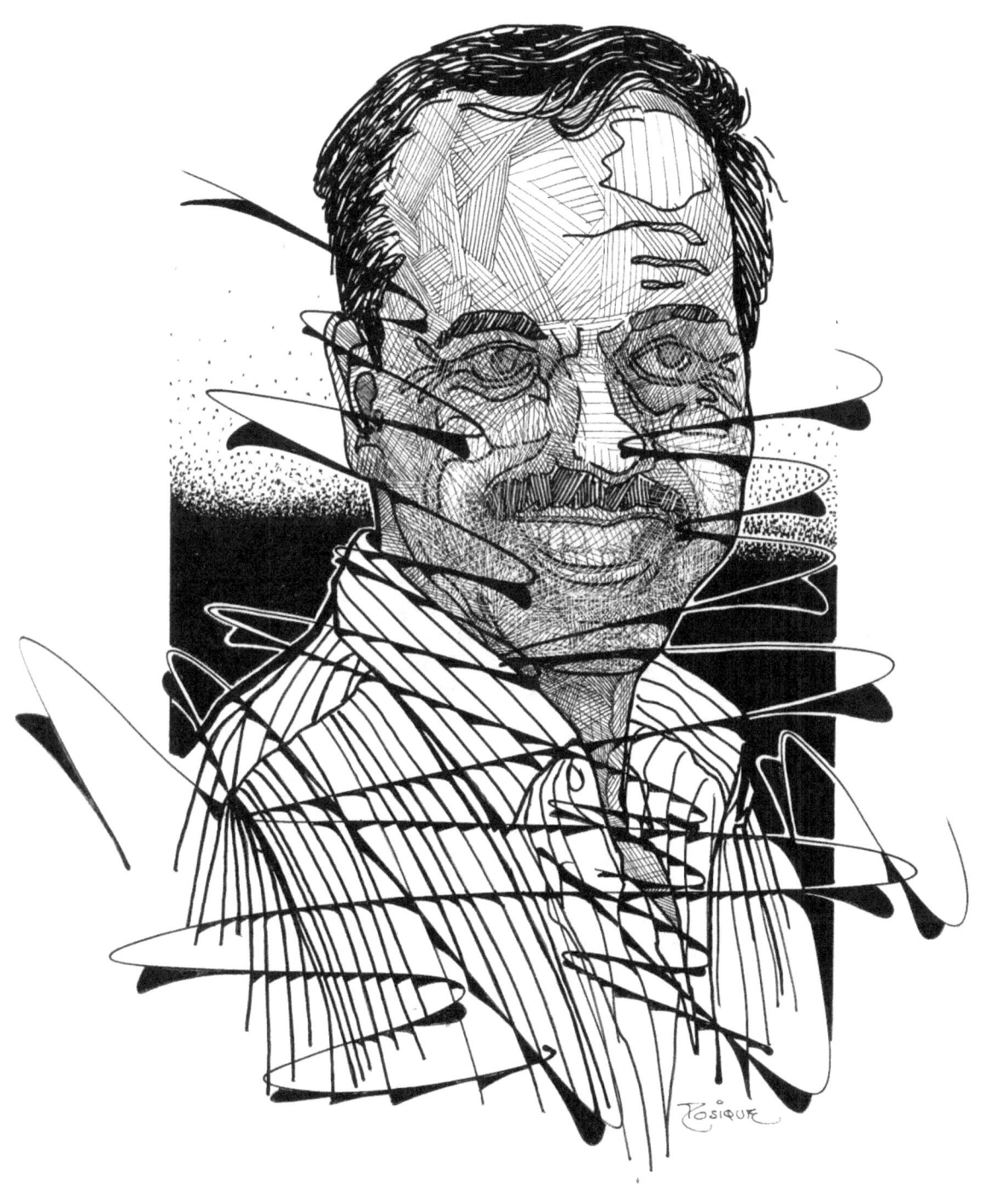

Roberto Hinestrosa
(Fotógrafo-*Photographer*)
México, DF., 1958

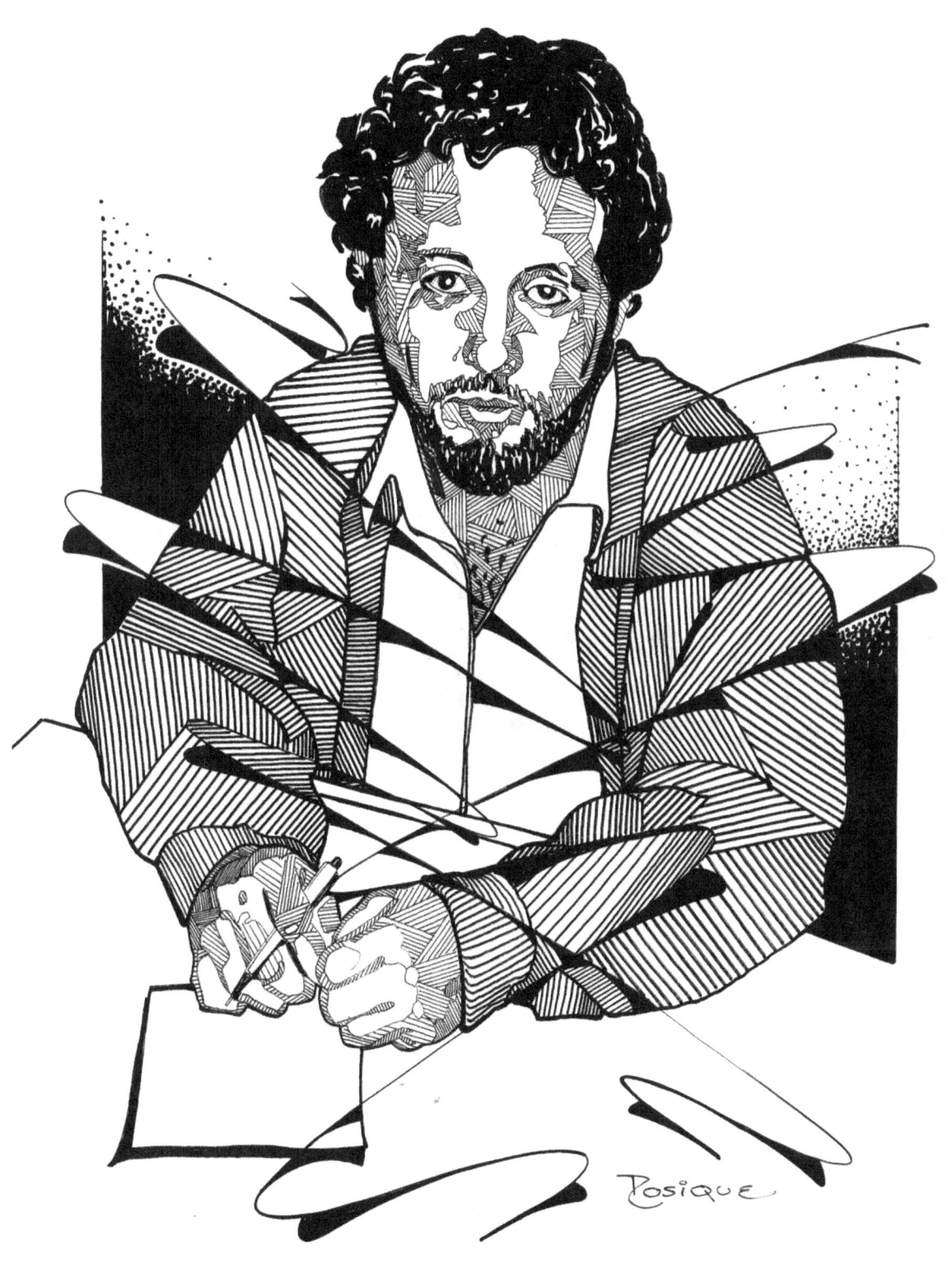

Posique

José Manuel Di Bella
(Escritor-*Writer*)
Tampico, Tamaulipas, México, 1952

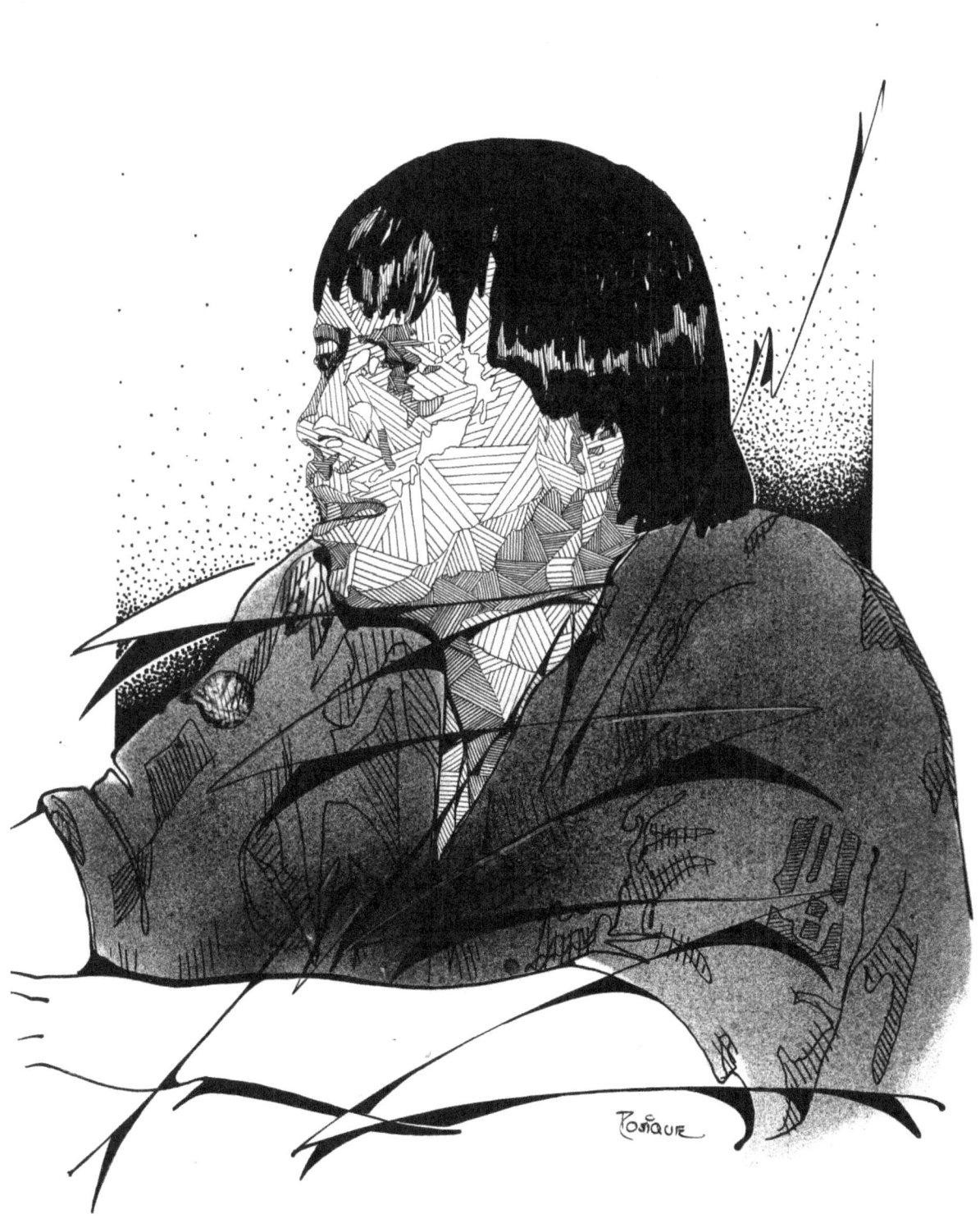

Manuel Rojas
(Dramaturgo-*Dramatist*)
Guadalajara, Jalisco, México, 1950

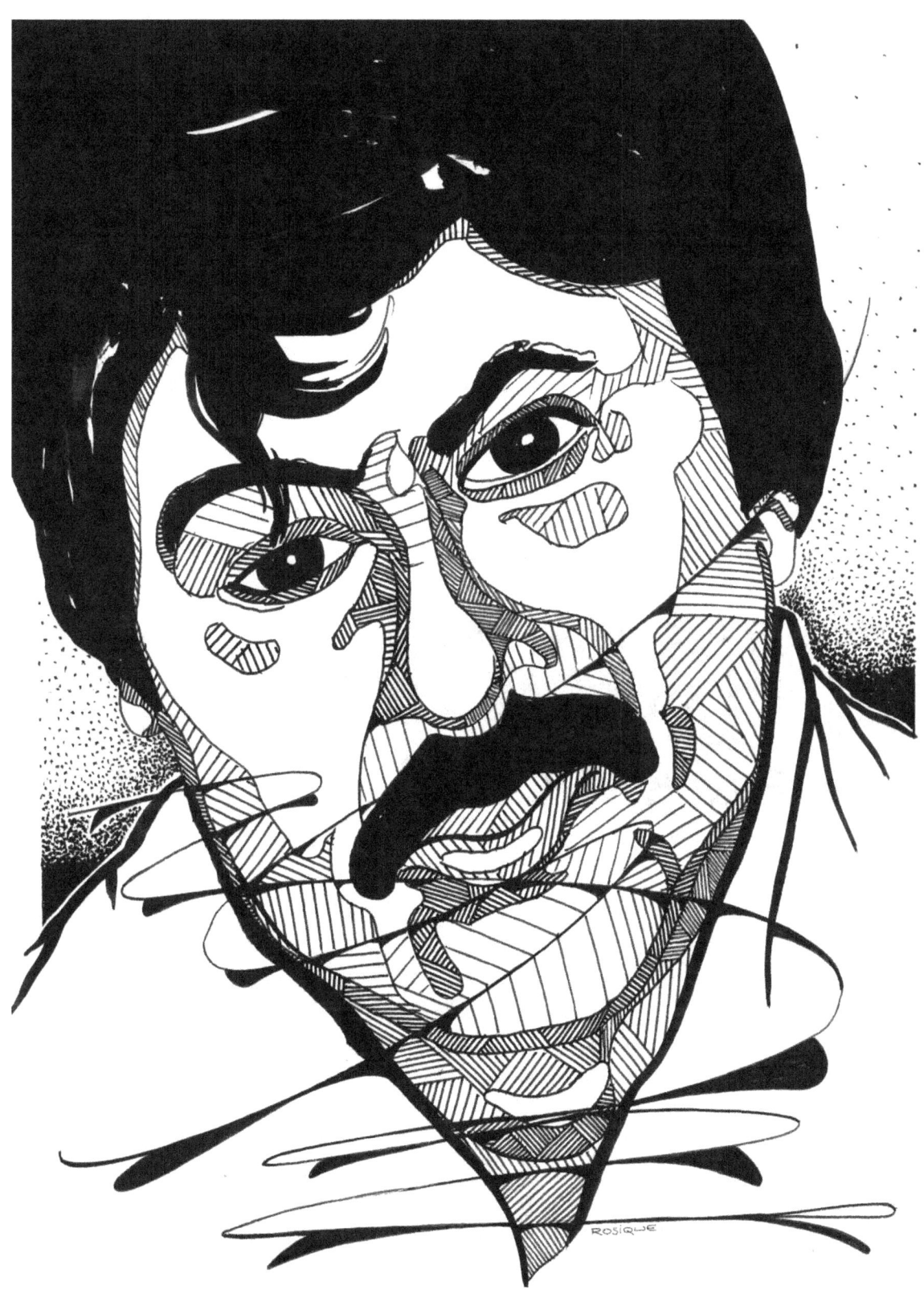

Manuel Bojórkez
(Fotógrafo-*Photographer)*
Tijuana, B.C., México, 1953

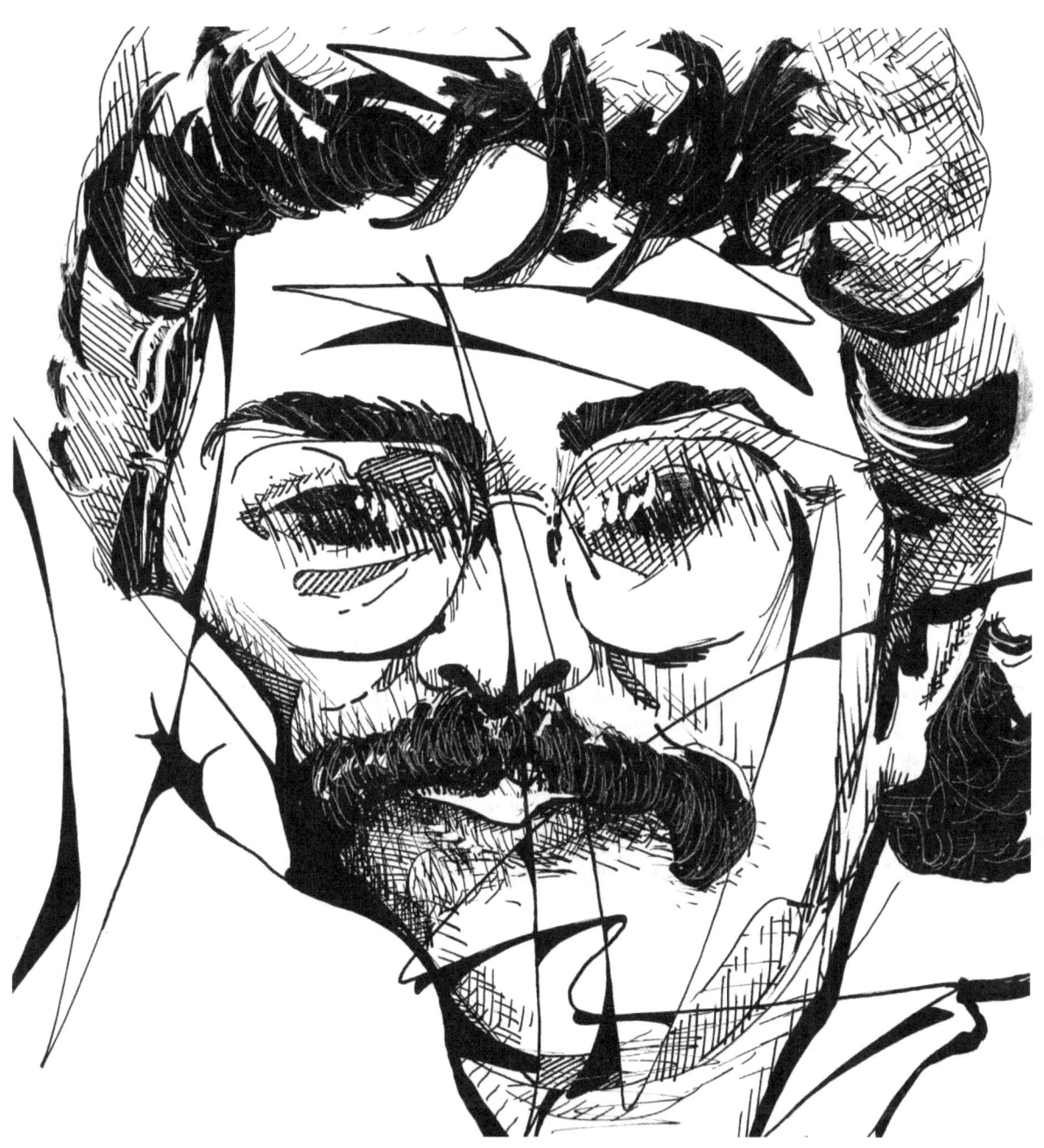

Estela Alicia López Lomas (Esali)
(Escritora-Writer)
Guadalajara, Jalisco, México, 1948.

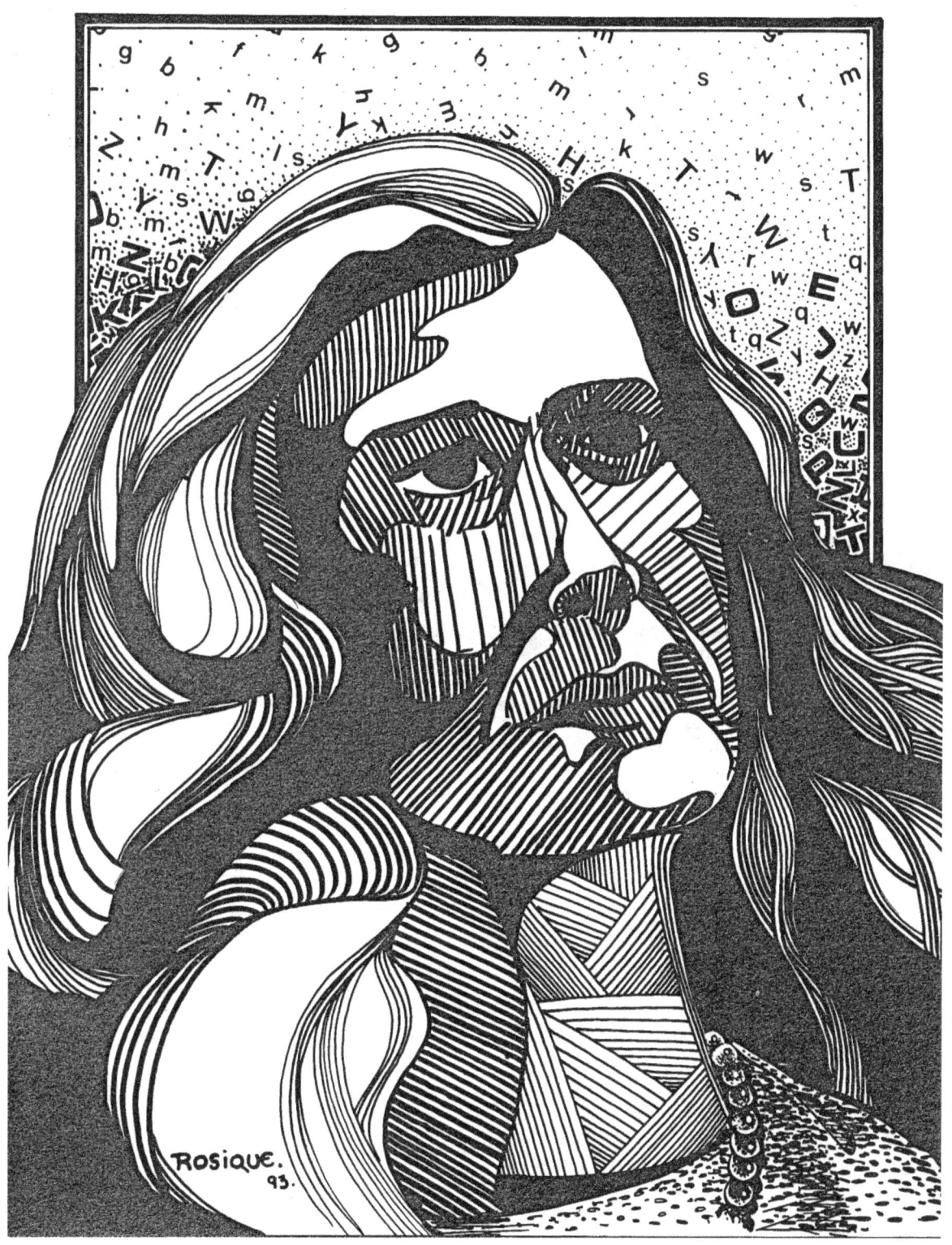

Jorge Raúl López Hidalgo
(Escritor-Writer)
San Martín Texmelucan, Puebla, 1932 - Tijuana,
B.C., 1997

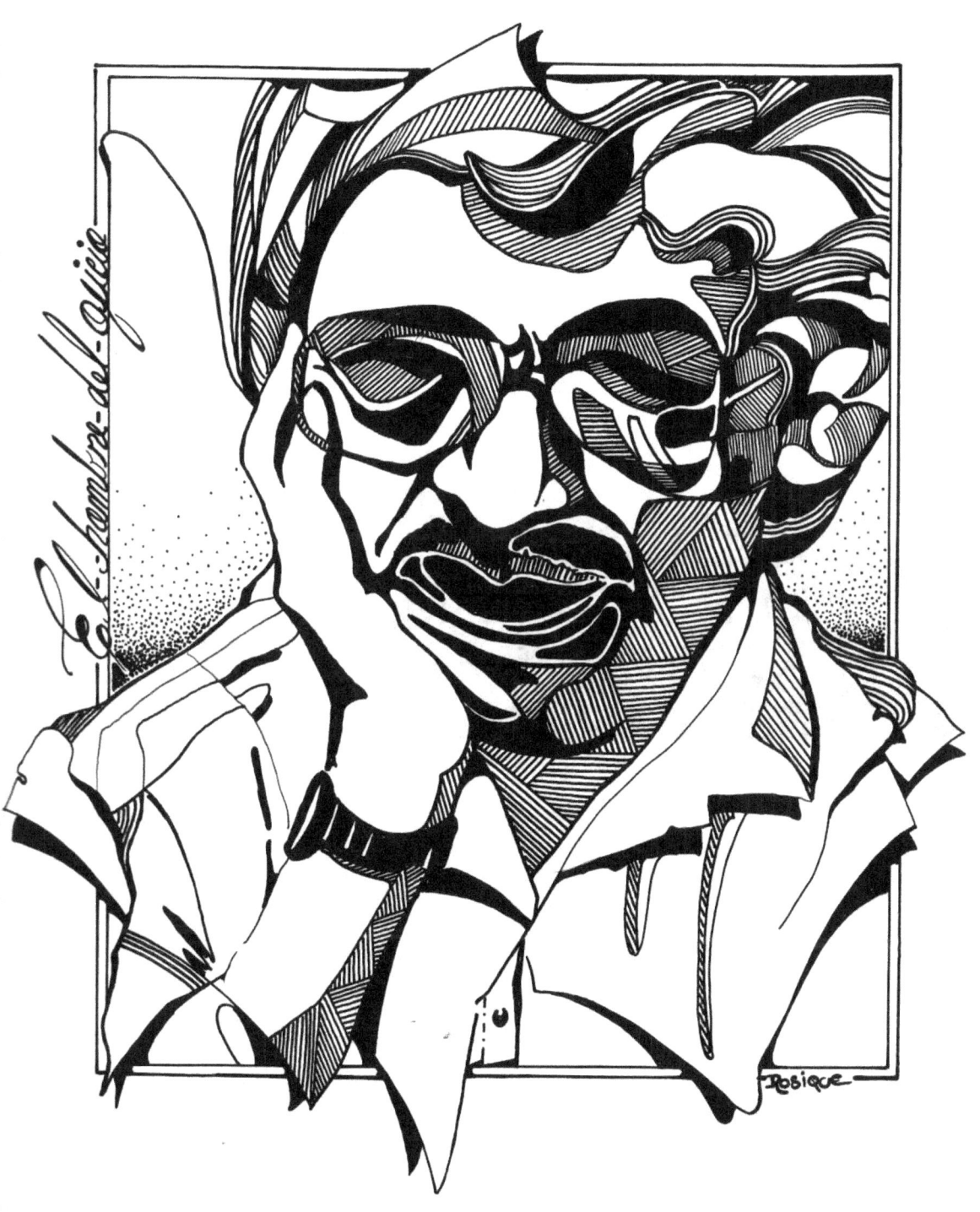

Octavio Hernández
(Periodista-*Journalist*)
México, D.F, en 1957 - Tijuana, B. C., 2008

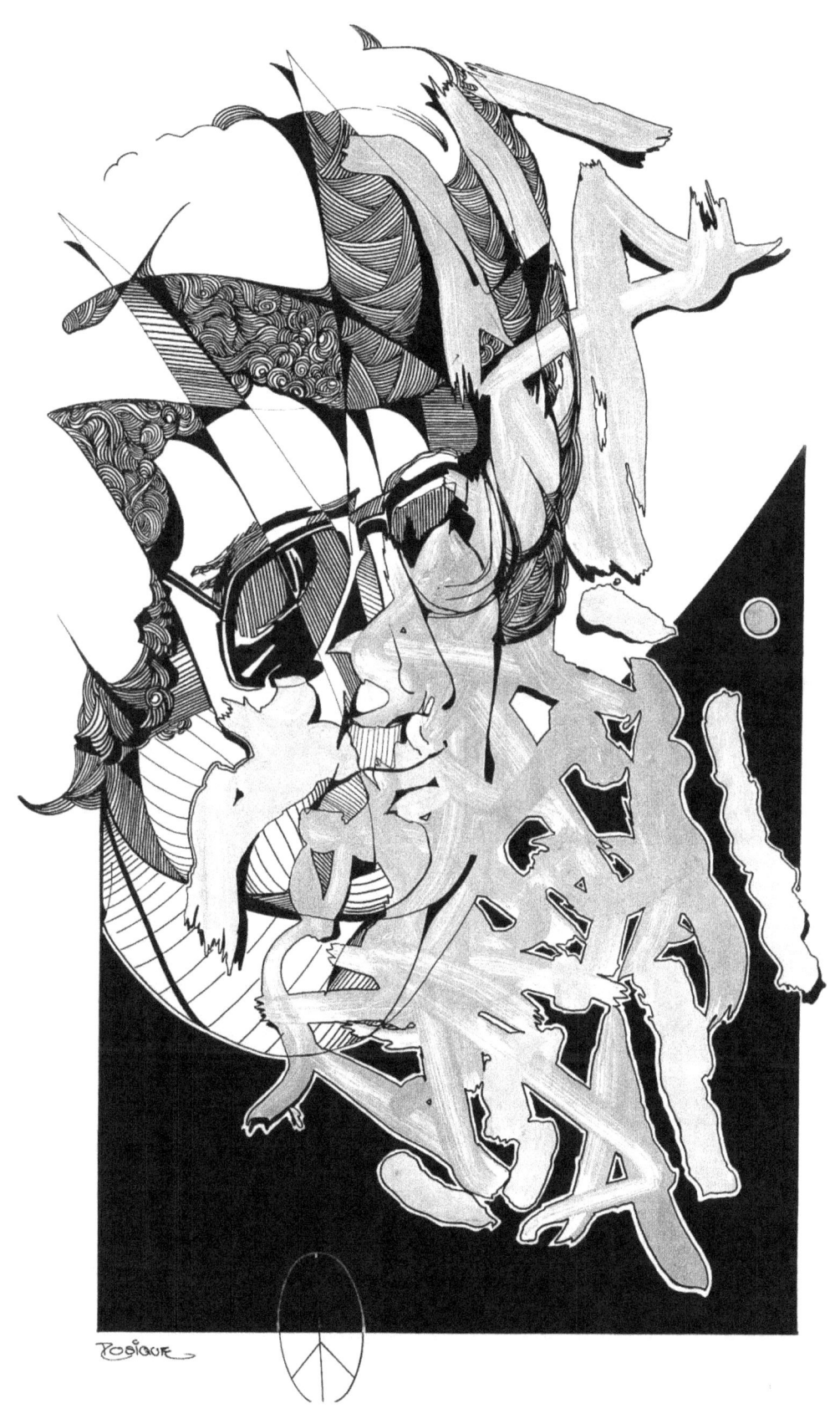

Jesús Cueva Pelayo
(Periodista – *Journalist*)
Autlán de la Grana, Jalisco, México, 1941

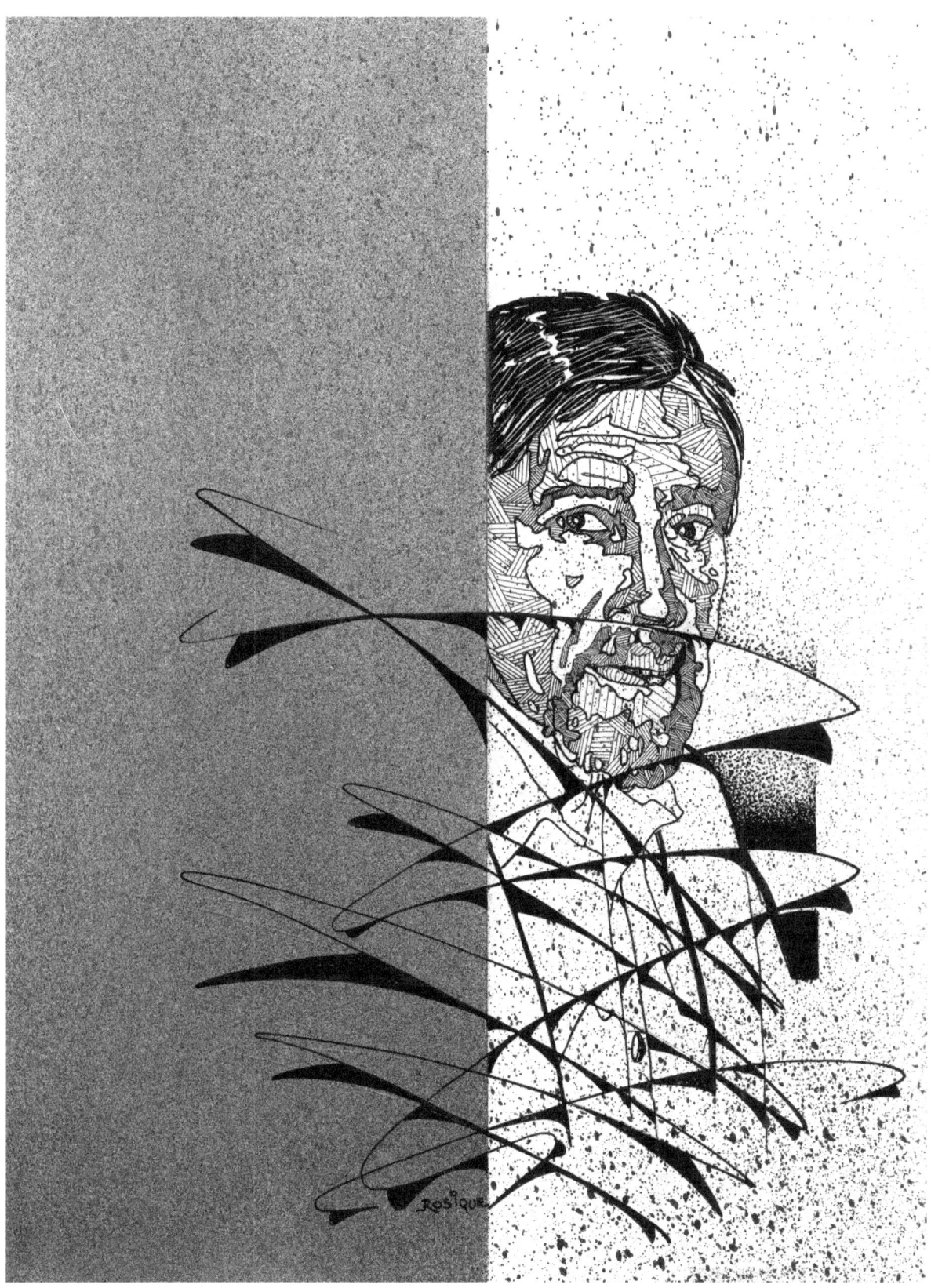

Juan Ángel Castillo
(Pintor-*Painter*)
Cahalchihuites, Zacatecas, México 1949

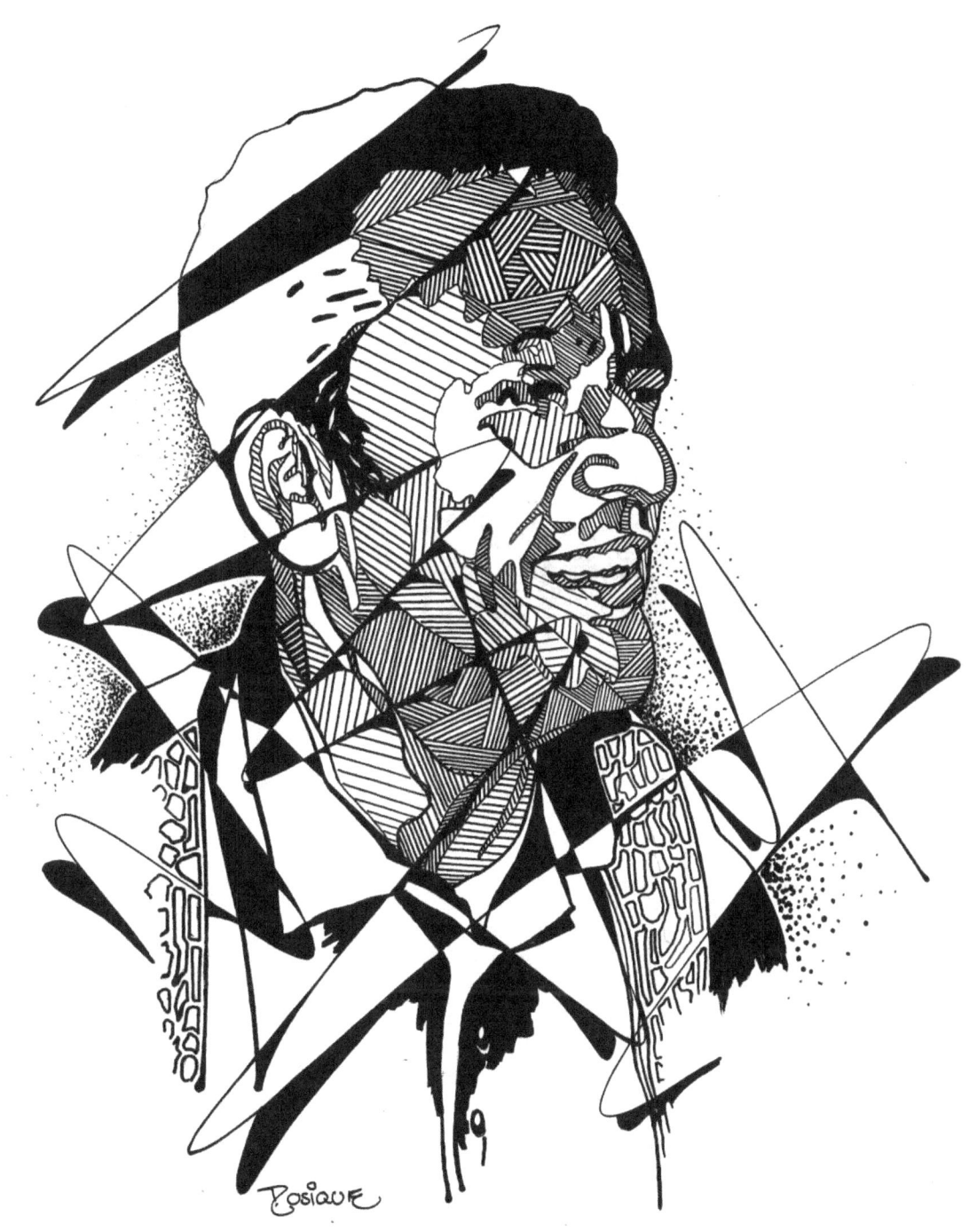

ROBERTO ROSIQUE
(PINTOR – PAINTER
H. CARDENAS, TABASCO, MEXICO, 1956

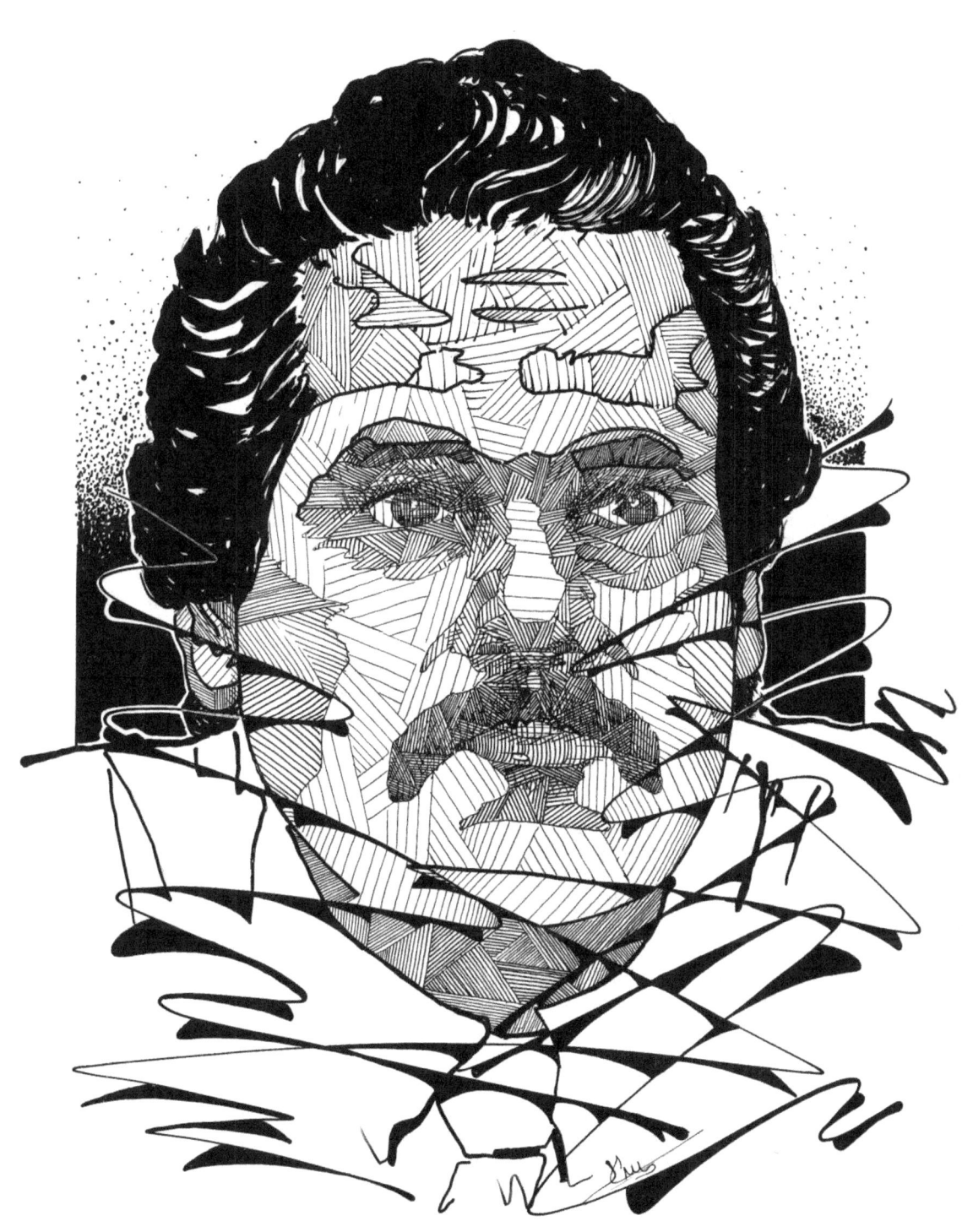

www.ingramcontent.com/pod-product-compliance
Lightning Source LLC
Chambersburg PA
CBHW081600220526
45468CB00010B/2715